体育教师专业发展丛书

说课的门道

SHUOKE DE MENDAO

于素梅 著

教育科学出版社
·北京·

出 版 人　李　东
责任编辑　欧阳国焰
版式设计　杨玲玲
责任校对　贾静芳
责任印制　叶小峰

图书在版编目（CIP）数据

说课的门道／于素梅著 . —北京：教育科学出版社，2020.6（2023.9重印）
（体育教师专业发展丛书）
ISBN 978-7-5191-2199-0

Ⅰ.①说… Ⅱ.①于… Ⅲ.①体育课—课堂教学—教学研究—中小学　Ⅳ.①G633.962

中国版本图书馆 CIP 数据核字（2020）第 075388 号

体育教师专业发展丛书
说课的门道
SHUOKE DE MENDAO

出版发行	教育科学出版社			
社　　址	北京·朝阳区安慧北里安园甲9号	邮　　编	100101	
总编室电话	010-64981290	编辑部电话	010-64989527	
出版部电话	010-64989487	市场部电话	010-64989009	
传　　真	010-64891796	网　　址	http://www.esph.com.cn	
经　　销	各地新华书店			
制　　作	北京金奥都图文制作中心			
印　　刷	保定市中画美凯印刷有限公司			
开　　本	720毫米×1020毫米　1/16	版　　次	2020年6月第1版	
印　　张	12.25	印　　次	2023年9月第5次印刷	
字　　数	153千	定　　价	45.00元	

图书出现印装质量问题，本社负责调换。

序

于素梅研究员的书稿《说课的门道》也放在了我的面前，在惊叹她真是一架"写书机器"的同时，我也更加确信我在《评课的门道》序言中的观点：体育真是一个极为特殊的学科，因此围绕体育课所产生的纷扰、问题、争论，当然也包括各种正确和不正确的"门道"才会如此之多！

平心而论，我至今对体育"说课"都是有疑问的。"说课"的意义是什么？"说课"等于上课吗？"说课"等于备课吗？"说课"等于研究课吗？"说课"等于示范课吗？用"说课"来评价教师、来考核新教师准确吗？科学吗？可信吗？"说课"没有"纸上谈兵"之虞吗？为什么要"说课"，是因为无法调动学生上课而只能用"学生缺席"的"说课"形式吗？是因为"说课"比上课更能准确评价教师的水平吗？是不是我们确信有很多教师能上好课但却不能说好课，因此只能上好课的未必是好教师？还是我们已经断定：教师只要能说好课就一定能上好课，因此，说课好的教师则一定是好教师？

我坚定地认为：上好课是体育教师的真本事，而"说课"充其量是对课堂的设计、过程、氛围和效果的预估，它不是真正地"发生"，它是教学研究的一个辅助性手段，至少它现在只能是。但是，既然"说课"已经成了当下体育教学研究的一种方式，那么我们就应在不断正确认识"说课"的意义和价值的同时，不断地尽力规范"说课"，将"说课"科学化、标准化、可信化。我想这一定是于素梅研究员写《说课的门道》不可缺少的动机吧。

"说课"越来越需要严肃和严谨，因为它已经担当了"评价""考核""评优""选拔"等重要的作用（本文作者正是对"说课"的这些颇为"力不从心"的担当忧心忡忡）。据本人观察，当前的说课活动依然存在着许多问题，"假大空的说课""寅吃卯粮的说课""狐假虎威的说课""装腔作势的说课"都出现过，用大家没听过的、听不懂的概念和理论唬人的现象并不少见，

"以其昏昏使人昭昭"的"说课"可谓遍地都是。这样的"说课"不但于提高体育教学质量无补,而且造成了体育教学研究的不良风气。我想,这应该是于素梅研究员在《说课的门道》中最想提醒我们的一件事。

要说好课,要让"说课"变好,头脑里一定要有正确的体育课程教学观念。如果体育教育的观念歪了,那么坏课能被说成好课,好课能被说成坏课,我们的体育教学会大大倒退。我不是危言耸听,我们的确面临着这样的危险。

要说好课,要让"说课"变好,一定要在心中牢记"学理"和"规律",不可为虚假的所谓"创新",而忘记了"科学",不要为并没有经过证明的"新理论",而忘记了"实践是检验真理的唯一标准"的"铁律"。

要说好课,要让"说课"变好,就要时时直面"课堂现场问题"。如面对真实的教学环境,面对真实的教学安全,面对真实的教师行为,面对真实的天气,面对真实的教材,面对真实的学生个体差异,面对真实的学生心理,面对真实的负荷和疲劳。而能直面这些问题都源于对体育教学的深入研究,源于对提高体育教学质量的真心追求。这一切也自然源于我们对党的教育事业的忠诚,源于对教师职业的热爱,源于人民教师的责任心,源于体育教育人的良心。而没有经过这些规范的"说课"一定是夸夸其谈、纸上谈兵、瞒天过海、欺世盗名的。

我想,这才是我们能说好课、用好说课,并能让"说课"走上正确发展道路,最应该记在心里的门道。这一定也是于素梅研究员《说课的门道》一书最终想告诉我们的"核心内容"吧!

再次祝贺《说课的门道》的出版。

北京师范大学教授、博士生导师
全国学校体育联盟(教学改革)主席

二〇一九年五月于上海锦江都城

前　言

体育教师提高教育教学水平，加强专业发展至关重要，其中掌握"备课""上课""看课""评课""说课"这"五课"的技能尤为必要。同时，这"五课"又是新课程改革以来，各地乃至全国体育教师基本功大赛、教学观摩展示活动、教师资格考试、教师招聘、教师教研等各级各类活动的重要内容和形式。然而，目前关于体育教师专业发展的理论与实践相结合的专业论著尚不多见。经调查获悉，很多教师十分迫切需要这些方面的理论与实践指导。为此，笔者经过长期研究，设计并创作了有利于有效促进体育教师专业发展的系列论著，包括《备课的门道》《上课的门道》《看课的门道》《评课的门道》《说课的门道》。期望它们能够成为广大一线教师的良师益友，为体育教师成长与发展提供一些理论指导与方法借鉴，同时也希望能够为致力于体育教学及教师专业发展研究的研究者提供一定的参考。

"备课"，关键在于准确设计。体育教师对"备课"并不陌生，几乎每天与备课打交道。但是，从笔者当前所了解到的备课现状看，体育教师对备课与教学设计、教案的关系存在一定的模糊认识。尤其是如何将课备得更加准确、合理，备得更加充分，从而有利于教师在上课的时候从容应对。就这点来看，目前的备课环节还有一定的提升空间。基于此，本丛书在"备课"如何准确设计、规范撰写上下了一些功夫。

"上课"，关键在于有效把握。就"上课"而言，有的教师能上但不会上；有的教师仅仅把事先写好的教案在课堂上演示一遍，课堂上新生成的东西不能灵活把握；还有的教师仅仅只顾教，而忽略了学生的学。尤其是新课改提倡培养学生自主、合作、探究学习的能力，教师该如何在课堂上有效掌握并运用自主、合作、探究方式培养学生的学习能力，使其掌握有效的学习方法？基于此，为了提高体育教学的有效性，把握上课的门道至关重要。

"看课",关键在于观察记录。无论是新任教师还是具有多年教学经历或积累了丰富教学实践经验的教师,"看课"都是其应掌握的基本技能之一。通过看课不但能够直接学习他人的教学经验,而且还能从中发现在上课的时候难以发现或感觉不到的问题。因此,"看课"已逐渐成为体育教师专业发展的助推器。然而,不同的人或许有着不同的看课方法,那么,什么样的方法最有效?看课时的观察和记录该如何把握?常言说得好:会看的看门道,不会看的看热闹。掌握了看课的门道,不但在看课过程中能够有更多的收获,而且对评课或更好地上课都将起到一定的促进作用。

"评课",关键在于多元视角。"评课"又分评说与评分,其中的评说是通过语言交流表达自己看到的、听到的、想到的等。评分通常用于评优活动中,以量化打分的方式呈现。就以语言方式交流的评课而言,大家有一种习惯,很多人都是从评优点、提缺点和提改进建议三个方面展开的。假如是一次集体的评课活动,采用这样的评课方式,往往会出现这样的尴尬情景:先评者滔滔不绝,后评者无话可说。因此,难以调动更多人评课的积极性。实际上,评课的方式有很多,可以从多个视角去评。如从归纳课的特点来评;按课的教学步骤一个部分接一个部分地评;还可以从看课后得到的启发来评;等等。因此,掌握评课的门道对于拓展评课的思路与方法、提高评课能力等都十分必要。

"说课",关键在于清晰表达。"说课"重点要说清楚课是如何设计的,将如何上。"说课"尽管不像备课、上课那样日常化,但是说什么、怎么说等依然是体育教师应具备的专业技能之一。会说的,能够把握说课的节奏、内容和方法;不会说的,说了半天也没弄明白课为什么这么上而不那么上。由此可以看出,要想把课的设计和实施说明白,需要一定的技巧,尤其是应重点说什么、说课内容呈现的顺序等都是需要掌握的。为了能够提高教师说课的水平,本丛书就"说课的门道"也做了重点分析和阐述。

本书重点讨论"说课的门道"。说课包含"说"与"课"两个部分,"说"是用语言表达,"课"是看设计,说课是通过语言表达的方式,说清楚课是如何设计的，将如何上。假如所说的课以前已经上过，那就属于上课后的说课，应该说出课是如何设计的，如何上的。

《说课的门道》一书既有对说课方法与技巧的描述，也有对说课与模拟课概念的区分，还有如何提升说课能力的策略，以及说课评优标准设立的建议。除此以外，还有基于大量的案例分析说课的经验与问题。

《说课的门道》共分三部分十四章。第一部分，包含四章，分别是说课的若干现象、说课的若干困惑、说课应遵循的原则和说课应把握的技巧。该部分从分析问题与困惑出发，阐述了说课的原则与技巧，有助于规范说课。第二部分，从实践层面谈从说课到评说课的具体操作方法。包含八章，即说课前的充分准备、说课中的内容取舍、说课中的时间分配、说课中的示范处理、说课与模拟课的区分、成功说课应把握的关键、说课能力提升策略、说课比赛评优方法。第三部分，主要通过案例分析，介绍了他人成功的说课经验，提出了进一步提高说课水平、完善说课文本的建议。该部分包括两章，即说课视频分析和说课文本分析。在说课视频部分，重点分析了跪跳起、前滚翻、实心球、篮球、足球五个说课视频。在说课文本部分，重点分析了自然站立式起跑、障碍跑、跳跃、篮球、足球五个说课文本。

在创作过程中，笔者尽管已经尽心尽力，但由于水平所限，本书难免会有不够完善的地方。对说课理论与方法的研究，尤其是就说课问题的探讨还有待进一步深入。愿与广大读者和一线教师共同努力，为我国的体育教育事业发展多做贡献。

于素梅

中国教育科学研究院

2019 年 5 月 10 日

目 录

 **体育教师说课——理论准备**

第一章　说课的若干现象　005

一、说课的界定　005

二、说课的不良现象分析　006

三、说课的基本要求　010

第二章　说课的若干困惑　011

一、说课准备中的困惑　011

二、说课实施中的困惑　014

三、说课结束后的困惑　017

第三章　说课应遵循的原则　020

一、说课的四项原则解析　020

二、遵循原则说课的方略　022

第四章　说课应把握的技巧　027

一、说课准备技巧　027

二、说课实施技巧　030

第二部分　体育教师说课——实践方略

第一章　说课前的充分准备　039

一、准备不足导致的若干说课现象　039

二、说课前做充分准备的内容维度　041

三、做好充分的说课准备应把握的几个关键点　045

第二章　说课中的内容取舍　048

一、说课内容及其表述方式存在的问题与分析　048

二、说课内容取舍的依据与策略　049

三、说课内容案例分析　052

第三章　说课中的时间分配　055

一、说课中常见的时间分配不当现象　055

二、说课时间分配不当的主要根源　057

三、合理把握说课时间的有效策略　059

第四章　说课中的示范处理　061

一、说课中的示范现象　061

二、说课中的示范定位　063

三、说课中的示范策略　065

第五章　说课与模拟课的区分　068

一、混淆说课与模拟课的若干现象　068

二、说课与模拟课的关联点与区别　069

三、成功说课与进行模拟课应把握的技巧　070

第六章　成功说课应把握的关键　075

一、说课设计阶段的"精细准备"是成功说课的前提　075

二、说课实施阶段的"精准表达"是成功说课的核心　077

三、说课陈述结束的"精辟答疑"是成功说课的助力　079

第七章　说课能力提升策略　081

一、说课能力不足产生的若干现象　081

二、说课能力的定位及其综合分类　083

三、提升体育说课能力的有效策略　085

第八章　说课比赛评优方法　089
一、说课比赛评优若干常见现象　089
二、说课比赛评优标准体系建构　091
三、说课比赛评优应把握的关键　095

第三部分　体育教师说课——案例分析

第一章　说课视频分析　101
一、"跪跳起"说课视频分析　101
二、"前滚翻"说课视频分析　108
三、"双手从头后向前掷实心球"说课视频分析　116
四、"小篮球—原地运球"说课视频分析　120
五、"足球—带球跑"说课视频分析　125

第二章　说课文本分析　129
一、"自然站立式起跑"说课文本分析　129
二、"障碍跑"说课文本分析　138
三、"发展跳跃能力的练习与游戏"说课文本分析　152
四、"小篮球—行进间双手胸前传接球"说课文本分析　163
五、"小足球游戏—踢球比准"说课文本分析　174

后　记　185

第一部分

体育教师说课——理论准备

体育教师专业要获得发展，说课能力的提高至关重要。要达到成功说课，需要一系列的准备，有文本的准备，也有表达能力和技巧的准备等。本部分系统归纳了说课的若干现象、若干困惑等，重点提出了说课应遵循的原则，介绍了说课应把握的技巧等，但愿这些能够给教师们成功说课带来一些新启发。

第一章 说课的若干现象

关于说课，各地曾不同规模地组织过活动，有的是新任教师选拔，有的是区域说课比赛，有的是教学研讨活动，有的是职称评审，等等。无论是何种活动中选择说课，都面临着说什么、怎么说、说得怎么样等一系列问题。尤其是对说课过程中存在的若干不良现象，更需要了解，便于在以后的说课活动中避免同类现象发生。

说课已经逐渐成为一种常见的衡量体育教师能力的重要方式。由于学科间的性质差异，体育学科的说课与其他学科有着明显的不同，如何把握体育学科说课技巧并成功说课，这是很多教师都关心并期待解决的问题。本章从说课中的现象谈起，分析在诸多说课活动中看到的若干不良现象，旨在为一线教师更好地说课，评委们更加客观有效地评说课提供一定的参考，为后续研究提供基础数据。

一、说课的界定

什么是说课？除了平日一线教师上课，为什么还要说课？或许有人曾经有过这样或那样的疑惑。说课与上常态课不同，也与模拟上课有别，那究竟何为说课？说课，顾名思义，是把一节课的设计思路、方法、意图，课堂教学组织方法与效果等，通过语言表达出来的一种特殊形式。因此，说课是通过语言来描述课是如何设计、如何上，它与上课明显不同。说课能够衡量教师的设计能力和表达能力。说课所用时间可长可短，长者可在15—20分钟之内完成全部说课内容，短者可在10分钟左右完成，当然，根据活动需要，也可限定在5—10分钟之内。就说课内容而言，过去见到最多的是完整体育教学设计的压缩版。实际上，有几个必要要素需要把握，诸如教材、学生情况、目标、重难点、场地器材、教学过程、教学手段与设计意图、预计效果、安全防范等，如果这些都能够说清楚，基本上就能把要说的课表达清楚，能让他人听明白你是如何设计的、如何组织教学的。

二、说课的不良现象分析

说课活动开展过程中，有诸多不良现象应引起我们关注。有的是准备工作做得不够充分，有的是缺乏说课技巧，还有的是说课能力有待提高，等等。下面对说课中的各种不良现象逐一进行分析。

1. 低头读稿现象

说课过程中，有的说课者总是低头读说课稿，甚至一直在这么做，唯恐漏掉了要说的内容。对于低头读稿者而言，根据情况不同可以分为全程读稿、大部分时间读稿和偶尔读稿三种表现。分析这些现象产生的原因，一方面是对说课准备不充分，不熟悉要说的内容，另一方面是对说课概念不清。这样的说课状态很难在一些评优或招聘活动中获得好成绩，会给评委和其他听者留下不良印象，大家或许会认为该说课者的能力有待提高。为此，如何消除低头读稿现象呢？根据说课者的情况不同，解决策略也有所区分。对说课内容不熟悉的，属于准备工作未能做充分，是比较容易解决的，多熟悉说课内容就基本上能够迎刃而解。而对于那些不知道说课是要突出"说"的说课者，就要转变观念、提高认识。最难改善的一种情况是表达水平不高，或说课能力不足，即便是已经把说课内容牢记在心，说课时也难免会低头读稿。这集中反映出，一是不够自信，二是过于紧张，三是稿子或许是别人帮助完成，自己虽反复背会，但不敢脱离稿子。这些情况都需要做出有针对性的处理，否则，就很难消除低头读稿现象。

2. 背诵文稿现象

实际上，有些说课者不是在说课过程中低头读稿，而是虽然眼睛已经脱离了文稿，但是却像小孩子背书那样背诵说课稿。具体表现在：有的老师在说课过程中停顿时间过长，在思考下面要说什么；有的老师出现前后重复现象，刚刚说过的内容，再次重复表达，可能是忘记下面要说什么了；还有的前后顺序颠倒，与说课稿上的内容差别较大；更有甚者，完全中断了说课，或许是由于过度紧张把后面要说的内容全部遗忘。无论属于哪种情况，都说明不是在"说"课而是"背"课。背的结果呈现出多种可能：完全将内容背完、断断续续、完全中断，这三种情况都不是理想的说课应有的状态，也都说明说课者未能把握住说课的技巧。这样的说课方式无论在评优还是在招聘或职称评审过程中，都难以取得理想的成绩。因此，这种背诵文稿式的说课方式也应尽量避免。改进策略是要在理解的基础上反复熟悉说课稿，除了确保是自己独立设计并撰写文稿（最多有指导教师的指导，而不能完全由别人设计），最好还要在说课比赛前将要说的内容像过电影似的在脑海中多过几遍。只有这样，才有可能消除背稿现象。

3. 边说边教现象

在参与说课活动中笔者发现，有的说课者既没有低头读稿，也没有背稿，但是在说的过程中却多次出现了"教"的现象。如有的教师，说着说着吹起了口哨或喊起了口令，如同体育课上在组织调队；又如有的教师，说着说着发出了"同学们，下面我给大家做一个示范"，也如同是上课中的示范环节；有的是完全照搬了课堂教学过程中的讲解环节，将技术动作的基本要领和方法原原本本地讲了一遍；还有的教师说课一开始就在用上课的方式表达，如同在模拟上课，这种情况说明这些教师完全把说课与模拟上课混为一谈。无论是哪种情况，都说明说课者对说课概念是模糊的，尤其是分不清说课与模拟上课究竟有何本质的区别。这实际上也是说课能力不足的表现。如何避免这种现象再次发生呢？最为关键的是要搞清什么是说课、如何说、说什么等最基本的问题，它与模拟上课最本质的区别在哪里。如果这些问题理不清也就很难说得明。还要做好充分的准备，在说课活动前多次试说，确保没有任何"教"的痕迹，如此便能在说课活动中完全用"说"的方式呈现所设计的课。

4. 重点不明现象

在说课活动中，需要说的内容有很多，但一定会有需要着重说和简要说的区分。然而，在说课的时候，一个较为普遍的现象就是，从第一个要说的内容到最后一个，几乎是平均分配时间，都是在详细表述，根本区分不出哪些是要突出的重点。甚至有些说课者，一字不漏地将说课稿上或 PPT 上的全部文字说了个遍。说者没有将重点部分突出出来，听者就难听出所以然。这样的说课者，说课的结果是很难让人"眼前一亮"或"耳目一新"的。假如听众不能留下深刻的印象或听不出重点环节，自然也就很难打出较高的分数或给出较好的评价。重点不明现象产生的根源在于，说课者对如何取舍说课内容，如何分配说课时间，以及如何突出重点等，都还处于模糊认识状态，或根本不知道还需要在说课过程中突出重点。要避免这种现象再度发生，说课者可以在以下两个方面加以注意：一是要明确哪些是要表述的重点内容，哪些是只需简单介绍或高度概括的内容，即区分说课内容的重要程度，并做好及时的处理，看哪些是必须详说的，哪些是可以略说的，甚至哪些是可以不说的。如果说课者对此都能了如指掌的话，说课重点自然就能突出。二是要善于把握关键，就是要基于说课活动组织者的要求，合理分配说课时间，突出要说的重点内容。假如说课组织者要求突出安全防范工作，那么在说课的时候，该部分内容不仅要说，还要说清楚有可能存在哪些安全隐患，如何采取有效措施进行防范。假如说课组织者要求突出创新之处，那么在说课的时候就应该把创新手段与方法一一说清楚，包括创新的意图最好也要说到。

5. 手段无效现象

体育学科的说课，不仅要说如何设计，更要说如何组织教学，这会涉及基本部分主教材教学流程中围绕强化重点和突破难点应采取哪些教学手段。在平日的常态课或观摩课教学活动中，教学手段是否有效，无论是任课教师还是看课者都能够做出较为准确的判断。但是，假如是说课，由于用语言表述教学手段不那么直观，判断起来就有一定的难度，假如专业水平再不高的话，就更难做出准确判断。这就更需要说课者在准备的时候力求采取有效的教学手段，但也难免会有教学手段无效的现象。如在一次说课评优活动中，一位老师说的是一节跪跳起课，其中，设计一种练习手段，让学生跪在斜放的垫子上练习跪跳起动作，而且学生的面部朝向垫子较高的一端，这样的练习手段，别说是新授课上学生很难完成，即便是一节复习课学生完成起来也依然有困难。可是，说课者却认为能够完成，并认为是一种他人所没有的创新手段。结果让说课者做一下该动作的时候，他却未能跳起，说明这样的设计不切合教学实际，尤其体现出说课者对教材和学情的研究不够。说课的时候，出现教学手段无效现象的主要根源，总体上可以归结为说课者能力不足，更为具体地说是说课者对教材的理解尚不到位。要避免这种现象发生，一个最为直接的策略，就是在说课准备阶段认真阅读教材，结合学生实际情况、单元进度和课时目标，选择确定有效的教学手段，对于关键的教学手段，要能够在说课前自己尝试做一做，看能否顺利完成，提前做出判断并及早完善说课内容。

6. 过于求全现象

说课要说什么，说的内容是越多越好，还是越少越好，以前并没有明确规定。但归纳过去参加的说课活动可知，大部分说课组织者都提出了较为全面的说课内容要素，有的采用的是完整的体育教学设计要素，也有的在教学设计要素的基础上做了补充完善。如某区说课规定必须围绕以下几个方面展开：指导思想与理论依据、教学背景分析（教学内容分析、学生情况分析）、教学目标、教学重点和难点、主要教学方法手段和教学资源、教学流程图、教学过程、学习效果评价设计、教学设计特点九大要素。有的除了这些要素，还增加了安全防范；也有的是将教学背景分析拆分为教材分析和学情分析两个要素。总之，从说课的各要素要求来看，在短短的 10 分钟左右的时间内要想都说清楚，并非易事。因此，就有说课者紧赶慢赶才说完，结果由于内容多，就很难避免有人不抬头一直读稿子，或事先背诵下来，说的时候用背稿的方式呈现。说课内容贪多求全现象，多数情况下原因在于，不是说课的一线体育教师自主确定，而是组织者事先规定，说课者被动执行。假如不提倡太全面的内容，哪些内容要素保留，哪些可以少说或不说呢？这一问题将在后续探讨说课内容取舍的时候做进一步分析。

三、说课的基本要求

说课不是上课,既没有学生参与其中,也不是在常用教学场地上说,基于前文中谈到的不良现象,笔者对说课提出几点最基本的要求供大家参考。一是可以有说课稿,但说课的时候最好不要总是低头读稿,事先熟悉说课内容十分必要;二是分清说与教,不能用教的方式表达说课,如果出现教的情况就不再是真正意义上的说课;三是要有主次之分,突出重点要说的内容,重要部分多说、细说,次要部分少说、略说;四是时间分配要合理,不能前松后紧,也不能平均分配,重点突出的部分时间上要有所保障;五是要把握好说课的语速和语调等,把握语言的运用技巧;六是明确说课要评价的是什么,既要评说的能力,又要评课的设计水平,设计得好但不会说、说的能力强但设计不到位,都达不到理想的说课效果。因此,要成功说课,不仅要重点突出、详略得当,还要吃透教材,搞清概念。

体育教师要具备"备、上、看、评、说"较为全面的"五课"能力,尽管说课在日常工作中不常用到,但仍不容忽视。体育学科开展的说课活动,有些老师或许将作为说课者参与该类活动,也或许作为观摩聆听者参与其中,还有可能作为评委专家参与说课评优工作等。无论是以何种角色参与说课活动,都需要厘清说课的概念和关键,规避说课过程中的不良现象,从而更为准确有效地参与说课比赛、组织、评审等各项工作。下面对说课的若干现象做一个简单的归纳。

说课本质重在说, 不良现象也较多;
读稿背诵避免做, 边说边教难通过;
重点内容不突出, 一味求全靠不住;
按照要求说规范, 说课水平有呈现。

第二章　说课的若干困惑

在说课活动中，有的说课者表现较为优秀，有的一般，还有的明显较差，为什么会有如此差别？究其原因，除了说课能力有别，一个至关重要的问题就是，说课者对说课产生的困惑各有不同，困惑越多且长期未解，就越难在说课活动中有良好的表现。那么都有哪些困惑困扰着说课者并阻碍其能力提升呢？下面从说课准备中、说课实施中、说课结束后三个维度展开讨论。

体育学科的说课，无论是说课前的准备，还是对说课过程的把握，以及说课后的答辩或反思总结，都有说课者提出过一些深感困惑的问题。本章主要通过观察、访谈、理性分析等方式对说课者所提出的若干困惑进行研究，旨在为说课者尽早消除困惑，更好地把握说课方法与技巧，提高说课能力，提供理论参考和方法借鉴。

一、说课准备中的困惑

在说课活动中能否取得较好的成绩，与说课准备是否充分有关，也与对准备工作重点把握的准确与否关系密切。具体而言，包括态度是否认真、是否高度重视、说课理论与方法的积累是否丰富、准备工作的关键点把握到位与否等诸多方面。那么，在说课准备阶段，说课者常有哪些困惑呢？

1. 关于说课文稿撰写的困惑

在某些区域性说课比赛中，组织者都要求参赛教师每人提交一份说课文稿。有的事先规定了说课文稿的结构要素，有的是让说课者自主确定文稿的撰写内容。说课前撰写一份完整的说课文稿就如同我们上课前要撰写一份教学设计一样，不仅要认真对待，而且还要在要素齐全的前提下把握关键点。通过与部分说课者的交流笔者发现，有一些说课者对如何撰写说课文稿存在疑惑，集中体现在三个方面：一是不知道哪些要素是说课文稿必须要呈现的；

二是在诸多要素中如何做到详略得当；三是说课文稿上呈现的内容是否可以作为说课时的讲述内容。之所以有这么多的困惑，说明当前说课文稿尚未有相对固定的模式可以仿效，也说明说课者对说课这一衡量和提高体育教师专业技能的教研活动，未能把握住关键。所以，在准备说课文稿的时候会不知所措，结果会写出自己不够满意的说课文稿。基于这类困惑，我们需要厘清有关联但又不完全对应的两项内容，一个是为说课现场准备的可参考的稿件，可简称说课稿，就如同我们登台演讲时的演讲稿一样，所讲内容可以与所写内容一致；另一个是说课设计稿，是一份较为详细的文本，它与说课时要表述的内容有关联但不完全一致。为了与说课稿区分开来，可以将完整的说课设计稿称作说课案（或说课教学设计）。具体而言，说课案是需要提交给组织者的文本文件，而说课稿是可以拿到说课现场用于提醒自己说课的稿件，二者的内容是有区别的。这样一来，说课者的困惑就要分成两个部分，一个是如何撰写说课案，一个是如何撰写说课稿。提交给组织者的说课案相似度较大，因为组织者大都会有统一的格式规定，但是说课稿就不见得人人都统一了，最好能够体现出个性。说课时既要讲清楚合理和新颖的设计，还要体现出语言表达的技巧。

2. 关于说课课件制作的困惑

说课比赛或一般的教研活动中，有的要求制作说课课件，以 PPT 的形式呈现。如某区组织的说课比赛，明确要求说课者制作课件。也有只要求口头表达的，如职称评审、体育教师招聘考试等活动中，往往采取的是口头表达方式。不同活动有着不同的要求，要能够做好相应的准备。要求制作课件的时候，部分说课者就对此有一定的困惑，提出的问题有：可否在 PPT 制作时穿插视频材料？可否把要说的内容全部呈现在 PPT 上？实际上，这既是 PPT 制作的内容问题，也是技巧问题。说课比赛中，可以较为明显地看出，不同的说课者课件制作形式和内容有所区分，有的文字内容多，有的图文并茂，还有的几乎都是图片、表格，很少见到文字。除此之外，有的穿插有视频资料，有的只是静态的图、表和文字，既没有音频也没有视频材料插入其中。

那么，应如何消除说课课件制作的困惑呢？首先，我们要看视频材料需不需要，这根据个人说课设计而定。如有的说课者在其中插入了自己事先做的示范视频，有的插入了学生练习的视频，等等。但要把握住视频长度，一般以几十秒不超过一分钟为宜，视频不能过长，否则就会喧宾夺主，因为说课毕竟要以说为主。其次，PPT上呈现的内容原则上是越简单越好，上面所呈现的内容不是提供给说课者阅读的，而仅仅是提示作用，最好是提纲挈领性的，文字不可过多，有标题和关键词出现即可。当然，图和表可以根据需要呈现。总之，PPT是辅助说课者的可有可无的形式，"有"就要充分发挥其辅助作用，"无"也同样可以把课说好。因此，要合理把握其内容、形式和呈现方式。

3. 关于说课创新体现的困惑

体育课上有无创新，往往在评优课上被看作较为重要的评价点。在说课准备过程中，或许也有人会问：说课案文本的设计是否需要考虑创新？这与上课是否需要创新是同样的道理。对于上课而言，假如是常态课，设计合理能够顺利上下来就基本上算可以了。但是，假如是要参加观摩或评优比赛，最好能够在设计合理的基础上，在某环节尽可能地体现出创新性。因为创新的课，一般都是比较有想法的课，能够给他人带来一定启发。从课的设计中就能够看到任课教师的创新思路和方法，尤其是创新设计能够达到较好的教学效果的课，其创新设计更值得提倡。基于此，说课准备过程中，对课的设计如果能够考虑到方法、手段上有所创新是比较好的选择。那么，创新体现在课的什么阶段更好呢？放在基本部分的主教材学习期间，尤其是在选择强化重点和突破难点的教学手段时考虑创新更为适宜。因为，这个时候的创新能够调动学生积极主动性，从而使其掌握该节课最重要和最难的内容，这样教学目标自然能够顺利达成。所以，说课案文本的准备过程中考虑创新是很有必要的。

4. 关于背诵说课稿件的困惑

在说课现场，我们不难发现，有的说课者让人感觉是在背诵说课稿，有的在说课时不停地低头看说课稿,还有的完全在说,看不出背诵的迹象,也不是在断断续续念稿子。这样一来,就会有人问,说课准备阶段是否需要将说课稿事先背诵下来,是不是背诵得越熟练说课的时候表现得越好呢?存在这样的疑惑并不奇怪,因为有诸多说课者在说课的时候会出现紧张的状态。从一定意义上说,把说课稿在说课前背诵下来也未尝不可。但是,如果想达到比较好的说课效果,就不要背诵说课稿了,因为凡是靠背诵说课稿说课的,比较容易在说课现场忘记部分内容,出现卡壳或间断现象,轻者做短暂思考后能回忆起下面的内容,重者会忘得一塌糊涂,不得不终止说课。因此,说课水平高不是靠背出来的,而是要在设计环节下功夫,不仅要吃透教材,熟悉学情,合理设置教学目标,而且要确定好重点和难点,根据目标要求和重点强化难点突破需要,选择切实可行的方法手段,等等。然而,尽管不主张准备阶段背诵说课稿,但是需要牢记说课的内容顺序,即把说课的内容架构在大脑中过几遍,要明确先说什么后说什么。除此之外,还要把握各部分要说的关键点,而不是逐字逐句地把内容都事先背下来。记住关键点以后,还要能够在说课的时候体现两个"活",一是"灵活说",二是"说活",而不至于把课说死。死记硬背很容易把课说死。当然,对于新手来说,可能刚开始不敢不背说课稿,但以后能多参加几次说课,比对一下背与不背的效果,就自然能够做出最适宜的选择。

二、说课实施中的困惑

说课实施过程是有技巧可言的,但有些说课者不仅没有把握技巧,反而有一系列困惑。诸如说课过程中能否看说课稿,可否在说的过程中穿插动作示范,说课时间该如何合理分配,哪些地方需要细说深说,哪些环节可以略说浅说,甚至还有说课的语速语调等语言节奏如何把握这样的困惑,等等。

1. 关于说课时可否做动作示范的困惑

过去我们在参与说课比赛的时候,无论是作为听众还是评委,都会发现有的说课者在说课过程中做了一次或多次动作示范,有的说课者自始至终都没有做一次示范。那么，有人就提出："说课的时候是否需要做动作示范？"之所以产生这样的困惑，一方面确实看到了说课时有的做示范有的不做示范，另一方面也确实没有看到哪里有明确的规定要求一定要做示范或不做示范。因此，有这类困惑也就不足为奇了。实际上，要想消除该困惑，我们需要讨论两个问题：一是说课的时候该不该做示范，二是做示范效果如何。任何事情都不是绝对的，说课的过程中需不需要做示范，这一点并没有明确的规定。做与不做示范都不为过，关键是要看做示范是否能带来更好的效果，如果不能带来更好的说课效果，就不要节外生枝了。所以，就说课过程中的示范问题无须做更多的讨论，前提是尽量根据效果来确定。对于不便做示范的动作不要强求示范，否则不但不能达到理想的效果，还很有可能会带来一定的负面影响。例如说课内容是体操技巧，假如在说课的时候突然在垫子上做起了头手倒立，或者是在垫子上做肩肘倒立或仰卧推起成桥，穿插这样的示范就显得不妥，一是会占用较多的时间，二是不一定能够达到应有的效果，尤其是示范不完全成功的情况下，负面影响就更可想而知了。为此，假如能够在说课的时候表达清楚，在有限的说课时间内不做动作示范可能会让说课更紧凑些。

2. 关于说课时间如何合理分配的困惑

无论是说课比赛，还是职称评审中要求说课，或是应聘教师职位时的面试说课，时间一般都会有明确的规定，少则 5—10 分钟，多则 15 分钟左右，无论规定的说课总时间是长还是短，都会牵涉所说各部分内容时间如何分配的问题。这就不免会有人提出："如何合理分配说课时间？"那么，如何在确保总时间不变的情况下合理分配各部分时间呢？通过对过去说课活动的观察了解笔者发现，有的说课者各部分说课内容的时间几乎是平均分配的，内容上都是在详细阐述，因而时间上也就没有特别的倾向性。而有的说课者却不然，不仅内容呈现详略得当，而且时间分配上也体现出了重点和关键部分占用时间明显较多，需要简单介绍的内容占时较少。那么，如何分配时间更为合理呢？在此提几点建议：一是要把握一个原则，就是将更多的时间用于讲述一节课如何设计以及将如何实施；二是要注意合理把控时间。有的说课者说着说着时间到了，但内容还没有说完，这说明各部分尽管在准备的时候做到了合理的布局，但由于现场说课的时候未把控好节奏，结果时间不够用。这一点在说课准备阶段就需要反复操练，以确保准确无误地完成说课。

3. 关于说课语言形式如何把握的困惑

有人或许会问："说课语言形式如何把握？"诸如，说课是否需要开场白？需要什么样的开场白？说课对象是评委还是学生？说课比赛往往都有一定的时间限制，如果开场白太长会浪费自己有限的说课时间，如果没有开场白又会觉得太突然。基于这种考虑，建议开场的时候，直接说"大家好，我今天说课的主题是……"，即把要说的主题说出即可，无须大段的寒暄或自我介绍。简单的介绍既是礼节，也是引入说课的有效方法。具体到主要表达的内容要说给谁听，当然是评委和听众，而不是学生，因为说课不是在上课，主要目的是要让听者听明白您说的是什么，他们会根据您的表达做出判断。因此，说课语言是面对评委和听众，是介绍性的，而不是讲课似的语言风格。可是在说课活动中，经常会听到有的说课者并非如此，而是一开始就好像是在模拟上课，给人的感觉不是在说课。还有的是边说边上，或边解释边上，这也不是理想的说课。除此之外，说课结束的时候，或许有人会问，是否需要说结束语，这一点，要根据情况而定，如果没有超时，就可以比较从容地说上一句："感谢大家的聆听，欢迎批评指正！"简单大方，同时又是一种礼貌用语。大家知道您完成了说课。假如时间不允许，紧紧张张刚好把要说的内容说完时间即到，或者已经超时了，后面的结束语不说会更好些。但值得说明的是，整个说课过程中要少用第一人称"我"，"我设计了……""我让学生做了……"等，这些语言表达形式都不提倡。

4. 关于说课突发事件如何处理的困惑

上课过程中有突发事件发生的可能，说课过程中也不免会有突发事件。这就有突发事件如何巧妙处理的问题。过去在参与说课活动的时候笔者看到，有的老师说课过程中遇到突发事件束手无策，有的无论遇到什么突发情况都能从容应对，还有的无论发生什么都继续淡定自如地说着该说的内容。这就表现出对说课突发事件的认识、处理方式和处理能力的不同，达到的效果就会各异。有人曾问："如何巧妙处理说课过程中出现的突发事件呢？"面对这样的问题，我们需要区分突发事件的类型，从严重程度上来看，有影响较大的严重事件，有影响一般的，也有影响不明显的小事件。从突发事件引发因素来看，有说课者自身引发的，有外界环节或他人引发的。从突发事件发生的时间来看，有说课一开始就出现的，也有说课中间或说课即将结束的时候出现的等。无论什么情况下出现突发事件，对于一个正在说课者而言，都会做出一些反应，也有可能都会想到应对方法。然而，该如何应对才最适宜呢？其关键是要把握如何才能对说课不产生负面影响，至少影响应控制在最小范围。比如，带有说课稿的说课者，假如说课过程中突然遗忘，最快速的反应就是低头看一眼随身携带的稿子，有课件的话，回看一下PPT上的内容，尽可能让听众或评委感受不到你出现了遗忘现象。另外，假如是在示范的时候出现意想不到的错误，或未顺利完成示范，这个时候，不能再继续做一次示范来弥补，因为，假如第二次示范再不成功的话，影响就会更大。因此，错就错了，弥补的方式是要尽可能地讲对。

三、说课结束后的困惑

有的说课活动在现场除了要打分数，紧接着还有专家提问环节，说课者要根据专家的问题进行回答。还有的说课比赛后要求说课者写出反思或小结，或者要求说课者进行自评。无论何种形式或要求，说课者都有可能会产生这样或那样的困惑。诸如，有的说课者对如何答疑存有困惑，有的搞不清楚该从哪些方面写反思，等等。

1. 关于说课后回应专家提问的困惑

有的说课者在说课结束回答专家提问时，表现出态度十分谦虚，甚至谦虚到不知道用何种语言来回答问题的地步；有的紧张得语无伦次，本来能够顺利回答问题，却出现了颠三倒四的语言表达；还有的因紧张而吞吞吐吐，不知所云。尤其是遇到"爱挑毛病"的评委，心理素质不够强或准备不够充分的说课者，听到问题大脑会一片空白，无言以对。那么，该如何机智应对评委专家或听众的提问呢？说课结束以后，针对专家们的提问，一般情况下，我们无须紧张，用语要谦虚，但谦虚不能过度。回答问题要充分考虑到所提问题的关键，结合自己已有的经验或设计过程中的一些想法与专家们平等交流。假如专家们提出的问题真的难以回答，最好能够谦虚地说："抱歉，某某老师，这一点我考虑得不是很周全，希望得到您更多的指导。"因此，无论是熟悉的还是陌生的问题，用虚心交流学习的态度应对，就不会出现尴尬或失态现象。

2. 关于说课后全面深刻反思的困惑

我们平常的课堂教学，在课后需要写课后反思，反思越深入越全面，就越有利于促进教师的专业发展和课堂教学质量的提高。说课也是如此，尽管说课活动不要求说课者在说课结束以后撰写说课反思文本，但是，就说课者个人而言，要不断地提高说课能力、把握说课技巧，不仅需要说课后进行深入的反思，而且最好能够付诸行动，把反思的内容记录下来。或许有人会问："说课后该如何全面深刻反思呢？"有这样的困惑，原因有两个：一是过去或许不常反思，二是或许做过但不知道如何做得更好。基于这一困惑，首先要认识到说课后反思的重要性和必要性，课后反思对个人专业技能的发展有一定助推作用。其次要能够行动起来，每次说课后都能够静下心来想一想，这次说课成功与否，对于说课前、中、后的表现自己是否满意，有哪些经验值得总结，还有哪些问题有待解决，还要反思专家提出了哪些问题，当时是如何应对的，还有哪些可以进一步改进的地方，整个说课过程给自己带来的最大启发是什么，等等。如果每次说课结束以后都能做出全面而深刻的反思，这些教师的发展速度将会远远超过不愿或从不反思的人。

3. 关于评说课具体标准确定的困惑

只要是比赛，无论是上课还是说课，都会有具体的评判标准，说课是从哪些维度评价的呢？这一问题也经常让不少人产生困惑。如有说课者曾问：

"说课好坏的评价标准是什么?""说课主要是评说的能力还是课的设计水平?"等等。说课比赛、体育教师资格考试、新任教师面试等,不同场合下的说课,其评判标准各有不同。有的是看语言表达能力、教学目标的设置、重难点的把握、教学手段的选择等,还有的是按照提交的说课文稿材料和现场说课两个方面来组织评判工作。但无论如何,对于评说课而言,实际上要把握两大方面,一个是课的设计水平,另一个是语言表达能力和技巧。关于设计水平,一方面通过说课案文本可以了解大约20%,另一方面通过说课者现场对设计思路、方法和实施措施的描述了解40%左右。剩余的40%的比例可以用于评判说课者说的水平,包括语言的精练程度、对设计内容的熟悉程度、达到详略得当效果的时间控制、突发事件的处理能力等。为此,作为一个说课者,既要注重说课前的充分准备,精心设计,还要能够通过语言把设计的课表达清楚,只有这样,才能在说课中立于不败之地。

说课与备课、上课等都有着必然的联系,并相互影响互为促进。说课能力的提高不仅需要在说课前充分准备,还要在说课时认真把握全过程,说课后的反思也不容忽视。减少或消除对说课的困惑,一定程度上能够更好地把握说课,无论是时间分配、内容详略、说课语言、突发事件,以及专家提问等都能灵活把握,巧妙处理。如果不断反思,还能够积累经验,指导他人,从而达到与同行共同进步,共同提高教育教学能力的目的。下面对说课的若干困惑做一个简单的归纳。

说课难免有困惑, 分析解决不为过;
准备实施分开说, 困惑大小要把握;
创新设计困难多, 内容取舍合理做;
示范方式考虑早, 恰到好处很重要;
时间分配要合理, 详略得当靠自己;
说课结束专家问, 把握关键有自信。

第三章　说课应遵循的原则

说课尽管不像日常上课、备课那样频繁开展，但是，它也是衡量一个教师专业技能水平高低的重要方式。几乎所有的说课者都希望在说课活动中表现突出，或许有的说课者已经积累了丰富的说课经验和技巧，但是，依然有说课者对如何成功说课存有疑惑。假如有基本的原则可以遵循的话，对于说课者来说，不仅会缩短说课能力发展适应期，而且还能够更好、更快地在说课活动中脱颖而出。与此同时，说课能力的提高，也有助于促进教师教学能力和水平的提高。下面重点从说课原则与落实方略两个方面讨论。

说课有其规范性要求，要想在说课活动中取得好的成绩，体现说课的水平，是有原则需要遵循的。本章重点讨论说课应遵循的内容精准、语言简明、布局合理、设计有效原则，并从结合学情吃透教材体现"精准"、依照时间锤炼语言体现"简明"、明确要求精心设计体现"合理"三个方面探讨遵循原则的可操作性方略，旨为广大一线教师更好地把握说课理论与方法提供一定的参考。

一、说课的四项原则解析

说课要遵循的原则可以概括为内容精准原则、语言简明原则、布局合理原则、设计有效原则，下面对其逐一分析。

1. 内容精准原则

内容精准是指说课的内容尽可能地完整和准确无误。完整是说的要素要尽可能地都包含其中，准确无误是说每项内容要素都要重点突出且无错误表述。一般情况下，几乎每次说课活动组织者都会提前制定标准、提出要求，尤其会要求说课者提供一份说课文本材料。但是，说课现场要说的并不一定要与提交的说课文本完全一致，现场要说的内容如果用文字呈现出来是说课稿，说课现场要说的说课稿和提交的说课文本材料有一定的区分，在前面的章节中已做了分析说明。说课稿中的内容或具体要说的内容要求精准，应几乎达到"字字千金"，没有实际意义的语言，不能说明问题的语言尽量少说或不说。一方面说课时间十分有限，另一方面要想把课的设计和教学组织方法讲明白，要求把握好关键内容。假如要说的内容不够精准，很有可能内容未说完时间已到；也有可能是时间没到内容却早早说完了；还有可能出现尽管时间够用，但说的内容未能达到详略得当，该一语带过的却在细说（如指导思想等），该说清说透的却简单介绍（如教学手段与设计意图等）。总之，内容精准是成功说课的关键，但要达到精准需要明确说课的核心要素，并把握好说课的流程。

2. 语言简明原则

语言简明即用最简单明了的语言表达所要呈现的内容。说课时的语言要求简洁明了，因为需要让听众或评委在有限的时间内了解更多内容：诸如课的基本信息，哪个学段、哪个年级、学生人数、学生性别等；前提信息，如课的目标、教学内容、重点难点、教材分析和学情分析、场地器材等；主要信息，如教学流程，准备部分、基本部分、结束部分都安排的是什么内容，这些部分的内容安排是否匹配与合理，更要重点说清楚主教材教学的方法步骤。有的说课组织者还要求说课者对教学创新、教学效果预计情况进行阐述等。这么多内容需要呈现，假如语言不够简明，从内容上来看很有可能遗漏或者蜻蜓点水，从时间上来看，还有可能前松后紧或时间不够用。为此，语言简明需要认真遵守，这就要求说课者事先有充分的准备。当然，以上内容要素，可以打破要素界限，不必严格按照说课设计文本上的要素呈现顺序，可以不具体说出每一个要素的名称，而是把要说的内容统合成一个整体来阐述。当然，这样的境界或许要等说课者积累了丰富的经验后才能达到。

3. 布局合理原则

布局合理是需要表达的内容在说课中的时间分配恰到好处。布局合理，有利于确保在规定的时间内把要说的内容完整且巧妙地呈现出来，让听者能够很容易且富有逻辑地获取说课信息，也能反映出说课内容条理清晰、详略得当。当说课布局不合理时，多表现在各部分内容详略不当，即应简单说甚至可以不说的内容描述过多，该详细说深入说的却又没有做到。更有甚者，将各部分内容在详略上都视为等同，结果，听者很难听出哪里是重点。假如是说课评优活动，这样的说课者很难取得优异成绩；假如是评定职称时的一种考核，说课者也难以取得理想的结果。例如，有的说课者因事先未能对每一部分要说的内容分配好时间，结果当评委们提醒时间快到时，不得不仓促收尾，这是即将超时的表现，甚至课未能说完不得不被叫停。还有一种不良情况，因布局不合理，课说完了可时间还有剩余，出现了时间浪费现象。这种时间上不足或浪费现象都需要引起说课者在准备阶段高度重视，从而进行合理规划。

4. 设计有效原则

设计有效主要是指说课的结果要能够达到预期的目的，除了让听者清清楚楚、明明白白地听清声音，最好还要让听者了解体育课的设计思路、方法和创新意图等。实际上，遵循设计有效原则，其中包含两层含义：一是体育课的设计要合理，具有可操作性，并能达到一定的教学效果；二是说课文稿的设计要能够让听者听清楚说的是什么，以及为什么。因此，说课的设计工作，首先是包含了课的设计过程，说课文本的设计等于是在课的设计前提下的一次延伸设计，是要把课说出来，不是课设计后的教学实施（若是上课，无须再做延伸性设计）。看似时间虽短的简单活动，实际上从文本呈现来看，远比备课写教案更为复杂。即设计有效要充分地考虑课与说两个方面，任何一个方面的设计工作做得不充分，都难以达到理想的效果。

二、遵循原则说课的方略

说课的原则对于说课者而言只是一个明确的方向或具体的要求，学会使用这些原则更为重要。下面重点从三个方面讨论遵循四项原则参与说课活动的具体可操作性方略。

1. 结合学情吃透教材体现"精准"

说课的时候,要体现内容的精准性,就需要首先吃透教材,而且需要站在学生的角度,先分析学情,在充分掌握学生具体情况的基础上认真分析教材。同样一项内容,针对不同学段、年级的学习者,衡量是否教准和说准的标准有所区分。即便是同一个年级不同的班级,学生特点各异,说课内容的精准性体现得也不完全一致。因此,是否掌握学情是说课内容精准与否的前提,离开了学情,无论所说内容选择与搭配多么合理都不切实际。例如,同样是学习篮球的行进间运球,我们不能脱离学生实际,单纯地谈行进间运球教材特点、采取哪些形式组织学生练习、如何评价等。因为不仅小学、初中、高中各学段篮球技术教学各有侧重,而且内容难度和要求学生掌握的程度都有所不同。再有就是学生的身体素质和运动技能基础也可能会存在一定差异。因此,想要说课时内容精准,必须考虑学生所处的年级,具体地说是年龄特点、兴趣爱好、运动基础、目标定位等。否则,即便是说得头头是道,也不能称其为准。教材内容说准,组织方法说准,甚至场地器材布置规划也需要充分考虑学情说准。但如何做到这一点呢?一是先分析学生的具体情况,教学对象确定以后,要充分了解施教对象的特点,具体到性别、人数、年级等基本信息要把握,有无特殊学生;二是结合学情认真研读教材,尤其需要考虑教材与学生的关联性,例如兴趣爱好、已有基础、适宜方法等。

2. 依照时间锤炼语言体现"简明"

说课时间合理分配十分关键,这是因为说课时间一般都有一定的限制,如果语言不够简洁明了或啰啰唆唆,说课时就会产生难以避免的负面影响。仓促收尾与未能完成,要么是时间布局上出了问题,要么就是语言表述上不够简明。这两种情况都表明说课者未能在准备阶段依照时间反复试说,未能达到语言的简明。那么,如何合理分配各部分内容表达的时间呢?例如规定了 10 分钟之内完成全部说课内容,那就可以事先规划一下,根据每一部分要说内容的重要性,分配所需时间,本着重要程度越高时间越长,反之越短的分配原则,先将其进行分割,然后限定各部分要说的文字量。假如以 1 分钟说260个字的语速（介于播音员与平常人说话语速之间），把每部分的说课稿事先写好，并修改为大约对应字数的文本，反复修改，高度提炼，避免套话、废话，保留或增加能说清楚并听明白的精准语言。例如有的说课活动要求说"指导思想"，说课者在说课前要明白这里的指导思想究竟是什么，是教学要遵循的依据、达到的目的等。因此，说这一部分的时候，就应该用最简洁的语言把该次课需要遵循的依据说到、目的提到。千万不可长篇大论地说个没完，否则，不仅听者不爱听，而且听不明。指导思想可以用一两句话表达出来，而且最好不用明说，要尽可能地采取暗说的方式，即不用说"这节课的指导思想是……"，可以直接进入主题，如"本节课遵循'健康第一'和'激发兴趣'的课程理念，重点把握学生在体育学习过程中的体质健康促进和兴趣培养"。这样大家也能够听明白，该次课重点放在体能素质锻炼和兴趣激发上了。

另外，值得进一步提醒的是，当我们把要说的重点放在基本部分主教材教学的时候，就要明确这部分该如何做到语言简明，必须要说的是什么，可说可不说的是什么，最好不说的又是什么。要求语言简明，最好就只留下必须要说的内容。例如，课是如何设计的，采取了哪些教学手段，设计的目的意图是什么，等等。

3. 明确要求精心设计体现"合理"

说课的合理性总体上可以从课的"设计"合理和课"说"的合理两个方面理解。如果设计得合理，说得不合理，也达不到说课的最佳效果；相反，如果说得较好但设计得不合理，也同样达不到预期目的。因此，合理性上要放宽视野，不要仅仅聚焦在某一个方面。从课的设计合理性上，大家都十分熟悉，主要体现在目标设置难度是否适中和是否具体可操作、重难点确定是否准确、教学方法步骤与手段是否科学有效、密度与负荷预计是否合理等。从说的合理性上，我们可以看所说的内容取舍是否合理、说课时间分配是否合理、说课过程把握是否合理、说课过程中的突发事件处理是否合理等。如何才能达到说课合理呢？那就要明确说课活动的具体要求，对"课"与

"说"进行巧妙布局十分重要，具体从以下几个方面把握。

首先是研读说课要求，把握规定性和灵活性，即了解哪些是必须遵守的，哪些是可以有自主性的。如果不按规定完成说课，显然不可取；如果要求中已经提出在某方面可以灵活把握，有自由度，而没有理解，缺乏新意或没有想法，说课效果自然也会大打折扣。因此，对说课组织者提出的具体要求不可只是浏览一遍，要仔细认真研读，理解透彻，方能很好执行。

其次是科学规划课要如何上，前面我们分析过，说课的设计包含两层含义，一是课本身的设计，二是将设计用语言表达出来。课的设计是说课的前提和保障，所以认真把握好课的设计至关重要。要充分考虑课实施的可操作性，所以，课的设计要实、要新、要准、要真。课的设计科学、合理，方能达到一定的实效。假如设计有偏差，说得再好，课的设计问题还依然存在。就说课教学设计而言，需要提示的是，与过去写一份教学设计所不同的是，设计的目的意图要有所呈现。过去我们的教学设计，设计的目的意图或许没有时间或机会在教学中表达出来，因此，有很多人的教学设计文本中并没有体现这些内容。但是，要把课说给别人听，并让人能听明白，就需要更深入地说出设计思路、方法和意图。

最后是说课稿的设计，因为说课的时候，基本上是按照说课稿的内容和大致顺序去说的，因此，先说什么后说什么，每个部分说多少、说多久、怎么说都需要精心设计，否则就很难顺利完成说课任务。但该如何巧妙布局说课稿呢？一是"定要素"，在说课要素的取舍上要结合具体要求，违背要求的说课要么要素过多，要么要素不足，都不利于说课的呈现。二是"定顺序"，即先说什么、后说什么，要在规划的时候有一个合理安排，顺序不颠倒、不错位。三是"定时长"，即每个要素的内容说多长时间合适，需要事先做好合理分配，该详说的和略说的，在时间上要先规划好。四是"定方法"，怎么说才能最有效？说课时自己说明白，听者听清楚，这仅仅是好的说课的底线或最基本要求，说课还需要有一定的方法技巧，让听者想听，不至于边听边跑神或打瞌睡等。因此，说课要有变化，无论是语音上，还是内容的处理方式

上,最好能够让听者有耳目一新或眼前一亮的感觉,即被吸引。为此,说课稿的巧妙设计更不容忽视。

说课作为一项教研活动或教师专业技能竞赛形式,甚至作为招聘或职称晋升的一项考核方式,越来越多的研究者在着手研究说课基本理论与方法,越来越多的实践者在理论的指导下,研究如何把课说好。说课的原则看似是理论化的命题,但假如脱离实际,很难对说课实践活动发挥指导作用。本章提出的内容精准、语言简明、布局合理、设计有效原则,正是从实践中归纳,又希望能够回到实践中去的可操作性理论。这些原则的确定,希望能够给后续研究者提供一点基础理论参考。希望这些遵循原则的方略,能够给未来说课者带来或多或少的启发。下面对说课应遵循的原则进行一个简单的归纳。

说课原则有很多,　内容语言分开说;
内容精准把握住,　语言简明有好处;
布局合理很重要,　设计有效水平到;
吃透教材工作早,　深析学情少不了;
说课水平有高低,　遵循原则属第一。

第四章　说课应把握的技巧

说课对老师来说并不陌生，而且很多老师都参与过不同类型的说课活动，有的还已经积累并归纳总结了一些经验。但是，如何在较短的时间内提升说课水平，确保说课活动中减少失误、突出亮点、取得优异成绩？多维度把握说课技巧十分关键。然而，说课的技巧在哪里？从哪些方面探究其技巧？目前，这方面的研究尚未引起大家的关注。本章通过对当前说课若干类活动的观察，在归纳说课若干问题的基础上，从说课准备技巧、说课实施技巧两个方面展开讨论。

一、说课准备技巧

说课前要有一个精心的准备工作，除了突出认真、仔细，更要把握其技巧，只有这样，才能为成功说课打好基础。说课准备一般情况下包括三个方面：一是文本的准备工作，即撰写一份完整的说课文稿（或说课案），多数情况是需要提交给说课组织者的文本；二是课件的制作，通常情况下是指做PPT，PPT的制作水平也直接影响说课效果，而且制作是有技巧可言的；三是身心准备，是指身体和心理的双重准备，这方面的准备同样要把握一定的技巧，对说课是否成功也起着关键性作用。

1. 文本：撰写完整而精准

一般情况下，说课的文本材料包括一个需要提交的说课案和一个现场使用的说课稿，内容上前者较为详细，后者略为简单，详细的是尽可能地把课的设计按照说课程序呈现出来，简单的是在规定的时间内现场表达的内容。基于此，既要确保这两份相似文本的内容完整性，也要考虑其精准性。要想达到这样的目标要求，文本准备需要把握一定的技巧，具体概括起来体现为两个方面，即"全"与"准"。

其一"全",意指结构要素确保完整性,即提交的说课文本(说课案)要与通知要求的结构要素保持高度的一致性。否则,要素缺失或自主添加,都或多或少地会造成一定的负面影响。因此,收到说课活动通知以后,要从过去的"浏览"转换为"研读"。"研读"可以获得两大益处,一是明确活动宗旨,二是瞄准内容要素。力求文本与要求高度一致,即达到要素完整。如同写论文不至于跑题,说课效果就不会差得太远,评比也不会失分太多。

其二"准",意指内容表述体现精准性。如果是说课比赛,文本很大程度上参与评分,即占一定的权重,因此,注重内容表述质量十分关键。达到精准,要求表述内容与要素名称高度一致,既"不绕",也"不偏"。要达到此标准,就需要在撰写文本之前认真解读要素,把握"核心"。例如,在撰写"教材分析"之前,就要对此要素进行深刻解读。该要素由两个核心概念组成,一是"教材",二是"分析"。过去,很多说课文本重视对"教材"是什么做了描述,忽略对"分析"的把握,即没有对选择该教材的原因的真正分析。要想二者齐备,前提是吃透教材,多元关联。吃透教材体现在"知其然",分析教材近似于"知其所以然"。只有知其然又知其所以然才能灵活地驾驭教材。

2. 课件：制作清新而简洁

把握说课课件制作的技巧,方能达到清晰又简洁的效果。有些说课活动需要参赛者事先制作一份 PPT 文件,以备说课现场使用。通过观察和比较笔者发现,目前课件可以归纳为三类。一类是"通篇文字型",即每张 PPT 上都被长篇幅文字占据,如同把说课稿一字不漏地搬到 PPT 上一样,密密麻麻的字,看着"累眼",读着"累心",属于不理想的类型。这样的课件,未体现出任何制作的技巧,也是最简单、最容易做成的。一类是"图文并茂型",这一类型比前者制作水平和效果上都略有提高,形式上体现出了多样化,看起来轻松些了,但无论是图表还是文字都只呈现出静态效果。如果讲究技巧的话,表现为可以用绘制图表的方式替代部分文字或关键内容。还有一类是"动态创新型",这种类型突破了完全静态的呈现方式,根据说课需要,有的用音频、视频做巧妙穿插,有的做成 Flash 动画,在看似静止的图像上设置动态。这一类型有着明显的制作技巧，是需要有一定软件系统操作技术和动画设计开发技术才能做到的。

新颖、独特且理想的说课课件制作，首先需要有创新意识和想象力，其次需要有完成该类课件制作的能力，再次还要具备操作使用技巧。否则，缺乏任何一环都很难将其发挥至最佳效果。例如，北京实验学校任军老师在说课比赛活动中，制作了动态的障碍赛跑游戏活动路线演示图，呈现了 Flash 动画效果，如图 1-4-1 所示。

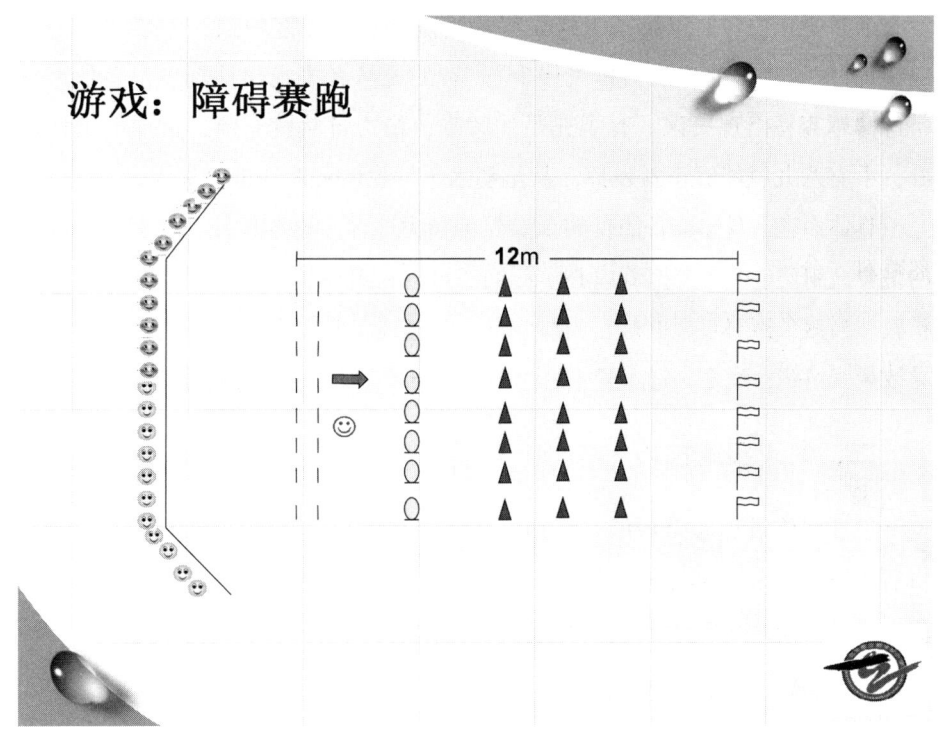

图 1-4-1　障碍赛跑游戏活动路线演示图

点击该 PPT 之后，游戏活动路线图中的小笑脸图标就开始从比赛的起点，跨越障碍，最后再回到起点，这一游戏活动路线演示的制作效果，一定程度上吸引了观众的注意，也无形中让观众多了一份积极的认同。该图除了新颖，而且非常简洁，能够让大家对游戏方法和跑动路线一目了然。由此可以看出，

制作图与移动演示便是技巧所在。

3. 身心：调整齐全而到位

有的说课者会在说课活动中如同"大脑短路"一样，忘记下面要说的内容而中途停顿，甚至完全终止。一方面或许是对说课内容不甚熟悉，另一方面不容忽视的就是身心的准备是否能够达到参与活动"精气神"的需求，但这一点通常不被人们重视。例如，有的为了第二天的说课比赛，通宵达旦做准备工作，第二天上场多数情况下会出现"头晕眼花"或一过性记忆力减退。身心准备是在说课文本准备工作做好的前提下，再把握两点，一是"早睡早起精神好"，二是"充满自信失误少"。有的说课者表现出怯场、不自信，越是这样越容易出现失误。有了充足的睡眠，精力自然就充沛，再加上满怀信心，十有八九就能够正常发挥，甚至超水平发挥的可能性也会加大。

具体而言，身体准备的目的是要保证精力充沛、思维敏捷；心理准备的目的是要充满信心，还要抱着虚心学习的态度，在说课结束时认真聆听专家们的指教。当然身体与心理也是互为影响的。身体未能调整到最佳状态，自然也会导致紧张情绪；反之，过于紧张，也会导致身体的不舒适，从而影响说课效果。

二、说课实施技巧

说课实施过程从简短的开场白，到说课内容的完整陈述，再到陈述结束以后的答辩环节（部分说课活动有答疑环节），都有技巧可言。下面对各环节逐一进行讨论。

1. 开场：语言简单而明了

关于说课开场，有部分说课者不太在意开场内容和形式。实际上，说课活动开场白不可忽视，因为往往不同的开场能够给听众或评委留下不同的第一印象。过去通常很多人都在这么说："各位评委好（或大家好）！我说课的题目是……"，然后就开始说课。这样的开场并没有引起大家更多的关注，更没有人提出过不同的意见。然而，这样的开场白，如果做进一步分析的话，对于"说课的题目是……"，尽管大家都知道应该是课的主教材内容（如篮球单手肩上投篮），但是，如果用"我说课的主题是……"，将会更为准确。除此之外，还有些人在开场的时候说了太多不该说的话。例如，一位说课者说："各位专家评委、老师大家上午好！我下面要说课的题目是……，由于时间紧，准备得不太充分，说得不当之处，敬请各位评委批评指正。"这样的开场发挥的作用往往会是反面的。即便是在随后的说课中未发生任何失误，但是，由于开场就说"准备不充分"，这样就会给人留下一个不好的印象，或多或少地会影响到最终评判效果。还有个别说课者，开场先来一大堆的感谢，诸如"各位评委，非常高兴能够参与今天的说课比赛，感谢给我提供这样一个难得的学习机会。下面我就从指导思想、教材分析、学情分析等方面逐一说课"，这种"感谢式"的开场白也需要进一步精简。

总之，开场白需要说但不用太复杂，也不要过度谦虚，感谢的语言也无须在此表达。上述这些形式的开场白不仅浪费时间，而且发挥不了积极有效的促进作用，甚至还很有可能出现适得其反的负面影响。为此，开场要尽可能简单，问候用"大家好"足矣，至于"上午"还是"下午"，可以不必问候得那么具体。接下来就可以用"我说课的主题是……"引出说课的内容。

2. 陈述：表达清晰而自信

事先准备好的说课内容，在说课实施过程中，要对其进行陈述，要求表达清晰体现自信，这就需要把握一些技巧。针对有PPT演示的说课陈述，要想达到表达清晰而自信，需要做到：一方面所准备的PPT演示稿不可过多、不可过于复杂，文字要尽可能地减少，以便于在陈述中浏览；另一方面要事先对演示稿上的内容强化记忆，即便是脱离了演示稿也能顺利而流畅地清晰表达。针对没有PPT演示的说课陈述，要达到清晰而自信的表达，其难度略高于前者，因为脱离演示稿，不仅要牢记陈述内容的呈现顺序，还要牢固掌握各部分内容的精准表达。否则，清晰与自信都无从谈起。所以，两种情况的说课活动，要想在陈述方面达到要求，要把握好"熟悉"与"精准"的原则。

除此之外，要想做到说课陈述环节表达清晰而自信，语言的处理上也有技巧可言。首先，最好不要用第一人称的方式进行表达。例如，有些说课者，在说课过程中反复出现"我设计了……""我选择了……""我让学生……"等。过多的"我"的出现，不是更加自信的表现，相反，暴露出的是"以教师为中心"的设计思路与组织方法。新课程改革要求以学生的发展为中心，注重学生学习能力的培养和学习方法的传授。其次，要注意最好不要用模棱两可的语气。例如有人在说课中多次出现"这样的练习可能……""这项游戏或许能够……"等表达方式，这样就不太容易确定所选内容或教学手段是否能够达到理想的教学效果。因此，说课设计时要尽可能地做到科学、合理地选配内容、方法、手段，事先就要预判能否达到理想的教学效果。

3. 眼神：目光灵活而聚焦

观察说课活动时笔者发现，有的说课者一直盯着说课稿或 PPT 演示页面，更有甚者，说课时一直将目光集中在天花板上（即一直向上看），与评委、听众无任何眼神交流，这类属于"无眼神说课者"，因为他人看不到其眼神。相反，有的说课者，目光移动过于频繁，不够聚焦，给人以一种不稳定的感觉。如有的人说课的时候，目光面向观众席或评委台，不停地前后左右移动目光做扫视动作，像寻物似的，这类属于"眼神移动过频者"。除了眼神过于集中和过于飘浮，还有一种介于二者之间，但又不是最理想的情况，表现为说课者时而看屏幕，时而看评委，但看评委时没有目光交流，而是看评委席上的物体（如桌签、茶杯、文本材料等），这或许是说课者过于紧张所致。

基于此，要想达到理想说课效果，眼神既要有目光灵活的一面，还要有相对比较聚焦的时候。灵活，表现为根据需要做必要的移动调整。聚焦，表现为目光到哪里的时候，要有短暂停留，不能是快速扫视。例如，看到某评委的时候，要有一个与评委目光交流的片刻，假如能够面带微笑效果更好，体现出礼貌又放松，同时能够从他们那里获得一种积极的正能量信息传递。有的专家或评委可能在听的过程中做出频频点头动作，以示认同所说内容。

当然，在提问答疑环节，对眼神有更高的要求，回答某一评委提出的问题时要能够与该评委有目光交流，面带微笑地聆听着评委的提问，用基本稳定的目光与提问者交流的同时，较为自信地完成答疑。

4. 突发：反应及时而机智

突发事件是任何活动中都有可能发生的事情，说课也不例外。笔者以前观察到的说课活动中的突发事件无外乎有如下几种情况，如突然忘记内容（最常见）、示范出现失误（部分说课中穿插示范时）、突发电脑黑屏（有制作PPT要求的）、视频无法播放（部分说课中穿插视频）、说课过程中突然听到哨声等。无论遇到什么突发情况，都需要说课者快速做出反应并做机智处理。假如是没有制作PPT的说课者，忘记下面要说的内容出现暂时停顿，如果不能及时恢复已有记忆，第一反应可以低头迅速看一眼事先准备的说课稿。如果是说课过程中穿插动作示范，所做示范未能成功，第一反应不要想到再次示范，一旦再次示范依然失误，就更难继续衔接下面的说课。如果是说课过程中电脑播放PPT突然死机或出现黑屏、蓝屏现象，说课者可以快速通过点击鼠标调整电脑出现的异常，假如未能及时复原，不要把时间花费在等待修复，而是继续凭借自己的记忆将课说完。假如说课过程中事先准备好的视频无法正常播放声音或图像，可以简单对未成功播放的视频内容做出描述，然后继续说课，直至说课内容全部完成。假如说课时间未能把握好，说课未结束时突然听到哨声，此时此刻，按照组织者的要求要迅速停止说课。遇到这种情况，第一反应应是遵守活动规则，而不要视而不见、听而不闻地继续说课。这种情况往往延长的时间越长，负面影响会越大。假如听到的哨声不是最终时间到的终止之声，而是还差1分钟的提示声，说课者就需要快速收尾，该减的减，该略的略，假如通过减或略还能按时且相对完整地将课说完，对说课效果的影响会相对小一些。假如听到提示声时，自己很有把握按原有节奏把课说完，只需依然按部就班说完即可。这种情况一般不会影响最终说课效果。

5. 答疑：态度淡定而谦虚

在部分说课活动中，说课者将要说的内容说完以后，会有几分钟的提问和答疑环节。提问者多为专家或评委，答疑者多为现场说课者。提问一般都会围绕说课内容展开，有的倾向于询问未能听明白的问题，有的则倾向于问一问课的设计意图，还有的把提问的点放在了对课的设计与如何组织教学的疑惑点上，等等。多数情况需要说课者做出解释，有的甚至会出现"问"与"答"的多次互动，有时也会听到说课者与专家或评委的争论，这多出现在对某一问题观点不一的情况下。但无论是何种情况的争执或辩论，对于说课者而言，被提问时，最好是十分淡定，不紧张、不急躁，也不怠慢、不漠视。回答问题时要显得很谦虚、礼貌。例如，当听到问题后，可以先用一句"感谢您的提问"，然后再结合自己对问题的把握做出相应的解释。如果问题较难，自己难以很有自信地做出解释，也要十分谦虚地回应，切不可一言不发。假如能够用"很抱歉，在这一点上我还没有做过多的思考，希望得到您的指教"等回应，一般情况下，专家或评委们都能够比较有诚意地提出几点进一步完善的建议。

由此看来，提问与答疑是部分说课活动的一种交流形式，也是考察和检验说课者专业素养的方式。答疑成功与否，并非完全由答案的正确程度决定，而是由教师的知识储备、应变能力、回应方式、交流态度等综合决定的。做出淡定而谦虚的答疑回应，方能达到较为理想的效果。

说课技巧在不同的阶段有着不同的呈现，准备阶段与实施阶段把握不同的说课技巧，都有助于达成较好的说课效果。但说课技巧也不是永恒不变的，会随着说课者经验的积累逐步完善，或增加新的技巧。因此，要想说课成功或在说课活动中有较理想的表现，注重把握各环节的说课技巧十分必要。下面对说课应把握的技巧做一个简单的归纳。

说课技巧很重要，　准备实施不可少；
准备技巧把握好，　文本撰写尽量早；
身心准备很关键，　疲惫作战别出现；
开场简明又聚焦，　时间把握要正好；
语言表达需精练，　说课效果方能见。

第二部分

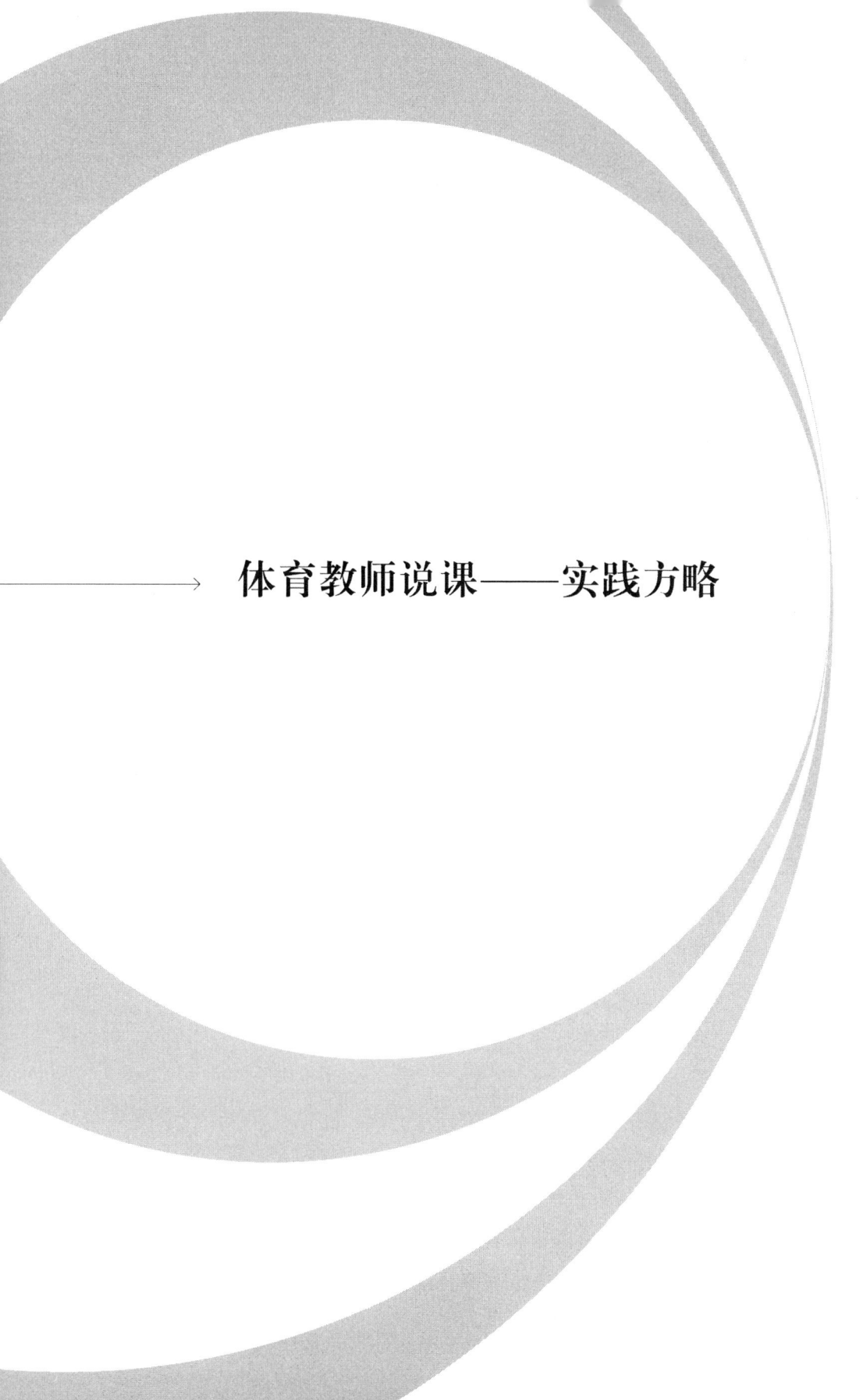

体育教师说课——实践方略

为成功说课做了一些理论准备还不够，还需要不断地实践以总结经验，尤其要全面把握说课前的准备，说课中对各要素内容、时间、示范等的处理，以及说课结束时回答专家的提问等，这些都要引起足够的重视。本部分阐述了说课前如何做准备，重点对说课中的内容取舍、说课中的时间分配、说课中的示范处理、说课能力提升策略、说课比赛评优方法等进行了分析，提出了一些行之有效的方法或方略，希望能够使体育教师们更加全面地把握说课方式方法和技巧，便于其进一步提高说课水平。

第一章 说课前的充分准备

说课作为体育学科教研或检验教师专业能力的重要形式，几乎每个参与说课的教师都会在说课前做准备，只是有的准备比较充分，说课效果较好，而有的准备不足，可能会出现这样或那样的问题。实际上，说课准备得充分与否，不仅与态度、能力息息相关，还与是否掌握了准备技巧有关。本章通过分析说课准备不充分导致的若干现象，研究在说课前做好充分准备工作的具体内容，提出说课前充分准备应把握的关键点，旨在为后续研究提供基础数据，为说课实践提供参考。

一、准备不足导致的若干说课现象

说课准备不充分，会有这样或那样的现象出现。诸如说课中一直盯着说课稿、出现遗漏、内容顺序前后颠倒等。

1. 盯稿现象

说课中一直盯着或间断性地注视文字稿件较多见，这种情况与前期准备时对说课内容不熟悉有关，也与个人心理素质有关。比较严重者是自始至终目光都不离开说课稿，如同在一直念稿子，这严格意义上不能算是在说课，而是在"读课"。假如说课变成了"读课"，说课者的能力就难以体现，更谈不上有什么技巧。如果是说课比赛，可想而知，就难以取得理想的名次；假如是应聘新任教师考试，说课成绩也很难如愿；假如是职称评审，有可能会因为盯稿达不到理想效果而错失良机。因此，说课前要做好充分准备，尽可能地减少甚至消除盯稿现象。

2. 遗漏现象

在说课活动过程中，有时会听到有的说课者遗漏部分说课内容，有的是整个要素的内容，有的是某要素中的部分内容，即未能将事先准备的说课内容表达完整。这种现象也说明对说课的准备不够充分，表现为对说课文稿不够熟悉。或者是在准备过程中只是死记硬背，说课现场由于环境特殊，说课者因紧张出现遗漏。为此，熟悉说课文稿内容，最好不要简单地采取背诵的方式，而是要理清思路，全面掌握每个要素要表达的含义，在说课的时候是在全面把握和深刻理解的基础上去说，而不是采取死记硬背的方式表达，只有这样才有可能避免遗漏。

3. 中断现象

说课过程中出现中断是忘记说课内容的具体表现，有的是暂时中断，等想起来时还能够继续说下去，有的是完全中断，即出现终止比赛情况。这不仅是十分遗憾的，而且假如从头再来，往往会给评委们留下不好的印象，甚至在第二次开始比赛的时候起评分会不同程度地降低，如有些说课组织者对重说者从9分开始打起（总分10分制），有时根本不给予重说的机会。中断现象也与说课前的准备工作不够充分有着直接的关系，赛前背诵文稿和赛中出现紧张都是说课中断的主要原因。对于出现这种现象的说课者，假如能够有一个说课稿或说课内容框架随身携带，就可以避免中断（或终止）现象发生。

4. 无序现象

无序，是说课内容的呈现顺序混乱，甚至前后颠倒。有要素的前后颠倒，也有要素具体内容呈现先后顺序与准备时不一致。例如，说课前准备把重难点放在教材分析中表达，可是，该内容在教材分析时并没有表述出来，而是在后面说到基本部分时想起重难点的内容，才将其补充说到该部分。另外，在同一个要素中，先说什么后说什么的顺序发生改变现象也时有发生。例如，有些组织说课活动者提出了明确要求，按照一定的顺序各要素先后呈现，可是，在说课过程中却并非如此，呈现出了具有个性化的说课顺序，有的甚至添加了未规定要素，或减少了规定要素。对于没有严格规定要素的说课活动而言，可以自主创新呈现方式，但是，如果有明确要求，不按要求说可能就会吃亏。这种现象的发生，一方面有可能是因为对说课要求了解不细致，另一方面也有可能是因为中途出现遗忘。

5. 超时现象

一般而言，几乎所有的说课活动事先都有时间规定，最短的据说规定 5 分钟完成的，按 10 分钟规定说课的较多，当然，也有稍长的如 15 分钟说课，再加上 5 分钟答疑。可是，无论规定时间长短，都有在说课活动中超时的现象。有的说课活动，时间一到就终止比赛，无论说课者将说课内容表达到何处，都不允许再继续说下去。有的说课活动看所说内容接近尾声，就略有延迟后自行结束。无论是哪种情况，对于说课者而言，出现超时，不仅会情绪紧张，还有可能草草收场，不同程度地影响效果。超时现象的发生，一方面可能是在准备阶段未能熟悉说课内容，另一方面也很有可能是由于在说课过程中放慢了速度或任意增加了说课内容等。

二、说课前做充分准备的内容维度

说课前要从哪些方面做好充分准备呢？可以做好以下几个方面必要的准备，即教材、学情、文稿、课件、精力等。

1. 吃透教材

平日上课前的备课工作需要我们先吃透教材，说课活动也应如此。因为参与说课之前，只有全面把握了教材，才能对教材有更深入的了解，便于选准教学手段和方式方法，课的设计才显得更为有效。那么，说课前该如何吃透教材呢？一是从内容上把握教材的特点。说课教材具有什么特点，是有趣味性的，还是较为枯燥乏味的；是有一定难度的，还是较为容易的；是较为常见的，还是不常见的；是学生比较喜爱的，还是不容易激发兴趣，学生可能缺乏学习热情的；等等。二是从价值上把握教材所能发挥的作用。要能够充分挖掘教材的价值，在撰写说课文稿的时候，尽可能地将其价值做充分的分析，比如是侧重于基本运动能力提升，还是专项运动能力的提高？三是从对象上把握学生对教材的熟悉程度。对于学生从未接触过的教材和已有基础

的教材，撰写说课文稿的时候，在教材分析部分要有所阐述。四是教材的使用上要把握好度。用什么方法，教到什么程度，什么情况下算是教会了，以及说课时说到学生掌握的程度，既不可脱离实际，说出"一教就会"的效果，也不能不结合学情任意确定。

2. 熟悉学情

对学情的把握程度，是能否达到理想说课的关键。熟悉学情主要包含以下几个方面的内容。一是对学生基本信息的了解，如学生学段、年级、人数、性别、兴趣爱好、认知特点、体能状况、技能基础以及是否有特殊学生等。二是把握说课教材学生学习时可能遇到的困难。结合教材内容，分析学生完成的难易度、学习的进度等。三是了解学生对学习方法的掌握情况，是否已经掌握了准确的学法，即会不会学、会不会听、看、练等。例如，观察的方法是否明确，当老师做示范的时候是否知道观察什么，如何观察。了解学生的学法掌握程度，有利于说课教师结合情况设计完整的示范方法。对于尚未掌握学习方法的学生，教师在施教的时候，几乎在每一个教学行为呈现环节，如讲解、示范等，都要较为明确地提出学法要求。只有这样，说课过程中基本部分讲解、示范等的呈现方式才能更具针对性和实效性。说课比赛或评聘考核，既是考核说课者课的设计水平尤其对课堂教学有效性的把握，还要衡量说的能力。对学情的全方位把握，熟悉程度越高，越有利于呈现说课水平。当然，或许有人会这么认为，说课是没有学生直接参与的活动形式，对学情的了解可以不那么重视。笔者在这方面的不同看法是，我们要说的是课，而不只是教材，所说之课如果忽略了学生，课的设计就很难衡量其是否有效，尤其是教学目标、重难点、组织教法各个要素的表述中，都要依据学情进行设置、选择。脱离了学情，几乎所有说课要素的呈现都缺乏针对性和可操作性。所以，熟悉学情并分析其特点，是上课、说课，甚至模拟上课等多种课的呈现形式在准备阶段都必须高度重视的环节。

3. 精写文稿

说课前要准备的材料中，说课文稿是每一个说课者都要认真对待的文本材料。精写说课文稿，关键在"精"字上，至于"精"到何种程度，从哪些方面体现精写，这是在准备阶段需要认真思考的问题。"精"体现在两个方面。一方面要确保要素精准。说哪些要素，假如是说课比赛，组织者对要素有明确的规定，说课者在准备阶段，要充分考虑各要素，甚至要严格按照所规定的要素名称及顺序撰写说课文稿。假如是招聘教师或职称评定，组织单位或许未能对要素提出明确要求，这就需要说课者在准备说课文稿的时候合理而准确地取舍说课要素，其取舍的原则应把握"精准"，哪些是必须要有的，如教材分析、学情分析、教学目标、教学流程等，哪些是可以有的，如教学效果预计、安全防范措施等。另一方面要做到内容精准。每一个已确定要素的具体内容如何表述，要能够围绕要素展开说明。例如，教学流程，最好是呈现基本部分主教材教学的方法步骤，尤其是学生是如何一步一步学练的，采取了哪些练习手段，提出了哪些明确要求，等等。有必要时还可以将设计意图稍做阐释。除了对要素与内容的把握，还要注意文稿的表达要尽量做到语句通畅，字词正确。错字、病句要尽量避免。当然，除了撰写组织者要求的要提交的文本材料，有的说课者还为自己准备一份精简压缩的说课稿，或者是以大纲的形式，或者是完整内容稿形式，以备说课现场紧张遗忘时参考。如果组织者不允许携带说课稿，那么准备一份事先熟悉也十分必要。

4. 巧制课件

在说课活动中，有的组织者要求说课者制作一份PPT，有的是可自主选择是否制作，还有的只是通过语言表达即可。不同的要求，说课者要能够灵活应对，对于可以或一定要做PPT的说课活动，说课者对PPT的制作就要重视，尽可能地制作出为说课结果增效的课件。课件的制作，随着信息技术的不断发展，几乎每一个老师都能够完成，但并非每一个老师都能做出精美并带有技巧性的PPT。有的PPT几乎是静态的文字；有的略带有表格或图片，但依然是静态呈现；有的是静态的图文版，只是在播放时设置了动态演示；还有的是制作了精巧的动静结合、声情并茂的PPT，一定程度上增强了说课的效果。如有的课件中除了用大量的图片演示学生学习的过程，还能配上教师示范的视频或学生练习的视频等，更形象地表现出了说课教师想表达的内容。总之，巧制课件也是说课前重要的准备工作内容。那么，课件制作该如何体现其"巧"呢？需要把握几个小原则。如"图文并茂"原则，没有图示的仅仅用大量文字堆砌的 PPT 效果较为一般。但选取什么样的图和文呢？文字尽可能是纲要式的，或在条目下面用高度概括的字或词提示即可；图片可以是照片，也可以绘制结构图或卡通图，但每张 PPT 上放置的图片无须太多，太多的密密麻麻的文字和图片看着吃力，影响视觉效果。又如"量少精制"原则。一些说课活动给予说课者的完整说课时间往往十分有限，在大约 10 分钟的时间内发挥 PPT 的辅助作用，其制作的量不能太大。有的一场说课下来，演示了二三十张 PPT，演示的信息量过大，甚至把所有要说的文字都显示到一张张 PPT 上，势必会影响说的效果。基于此，10 分钟的说课 10 张以内的精美 PPT 就能达到较为理想的效果，毕竟说课还是主要靠说完成的一项特殊活动。

5. 保障精力

说课的时候需要保持充沛的精力才能取得较好的效果，精力是保障，离开了这一保障，有可能在说课过程中难以发挥应有的水平，甚至会出现意想不到的负面影响。如本来记得滚瓜烂熟的内容，临场突然忘词了，甚至因大脑暂时"短路"无法将说课进行下去。为此，确保充沛的精力十分关键。这就要求说课者除了在说课的前一晚保证充足的睡眠，还要注意饮食，不能因不当饮食而影响到健康，保持健康的身体和充沛的精力方能有良好的说课保障。说课准备工作中，也有一些人习惯于临时抱佛脚，临阵磨枪的做法尽管也能发挥一点作用，但是，在说课前一天晚上挑灯夜战，甚至延续到凌晨一两点钟，文稿或 PPT 是准备完备了，可是精力却几乎耗费殆尽，这样的做法是不可取的。因此，要想在说课过程中保持好的精力，说课准备越早越好，临说课前一两天的准备，只是再次熟悉一下已准备好的材料，最好不要把大部分的准备工作都集中在最后两天完成。除此之外，心理调节也十分重要，准备充分，充满自信，说课时就会减少紧张情绪。

三、做好充分的说课准备应把握的几个关键点

说课前需要从"全""细""新"等方面系统把握准备工作,以便使说课达到理想效果。

1. "全":基本保证全面深入

要全面把握好各项准备工作并考虑周全,因为有时会由于某个环节未顾及而影响说课效果。"全"这一关键点主要体现在两个方面。一是说课准备的全过程高度重视,包括从阅读说课通知开始,就需要认真把握好说课的各项明确要求,该参考的材料要及早收集齐全,该做的准备做到位,甚至说课当日的服装也要提前准备,省得说课出发前手忙脚乱,从而造成不必要的紧张。高度重视各项准备工作,才能够轻松应对说课活动。二是注重"课"与"说"准备的全面性,因为评说课的时候,主要针对课的设计和语言表达两个方面,因此,不仅要全面准备课的设计,还要更好地准备"说",把握说的技巧十分关键,包括语气、语调、语速、语音,以及各要素过渡性语言等,都要在说课前考虑周全。这样才可能做到合理控制说课时间。

2. "细":着重把握细小环节

常言说,细节决定成败,说课准备工作要求把握好细小环节,其主要原因在于,有时因准备工作不够认真细致,有可能会不同程度地影响说课结果。假如阅读说课比赛通知不细致,有可能把要素名称记错,说课的时候就会在具体要素名称和内容上出现偏差。例如,有一次说课比赛,说课通知上写的是"教学背景材料分析"(应该是包含教材分析和学情分析),结果某说课者仅仅对"教材分析"进行了阐述,却忽略了学情分析。有的说课者忽略了按规定时间演练,而只是把 PPT 和说课稿反复地熟悉了一下,结果在说课的时候就很难准确把握时间,多数会发生超时现象,也有个别提前结束的情况。

3. "新":尽量体现创新思路

就体育学科说课而言,要想在说课活动中取得优异成绩或理想名次,体

现出创新的思路和方法尤为重要。一是教学手段新颖,让人有耳目一新的感觉。例如,北京五一小学郭蕊老师在说课的时候,在PPT上展现出几张采用垫子卷合作练习仰卧推起成桥的图片(如图2-1-1)。当时,评委一下子就被吸引。将垫子卷穿入绳子用于自制器械辅助练习,让尚未掌握推起成桥动作的学生能够同样体验到成桥时的身体感觉,这种创新值得借鉴。二是课件制作的新颖性也能为说课比赛带来一些积极影响。除了我们前面谈到的图文并茂、动静结合,还可以在PPT模板的选择、PPT文字图标的色彩、平面与立体的交替等方面考虑创新设计。三是说课内容呈现方式的创新也会带来不同寻常的效果。例如,在准备阶段,充分考虑多要素整合,如将指导思想、教材分析、学情分析、场地器材等整合并按照一定的逻辑综合表达。也可以将说课内容用隐形的三个要素"如何设计的""如何上的""上出什么效果"先后进行表达。

图 2-1-1 仰卧推起成桥辅助练习

为说课做准备,不仅要在认识上提高重视程度,而且在方法上也要把握技巧。充分准备,尽可能地避免说课中出现这样或那样的不良现象。准备越全面、扎实、细致,越有利于成功说课。如果又能体现创新,则可锦上添花。下面对说课的准备做一个简单的归纳。

说课成败因素多， 充分准备需要做；
准备不足受影响， 中断超时均难防；
教材学情了解透， 认真精细还不够；
全面把握细心做， 创新思路不放过。

第二章 说课中的内容取舍

说课内容的取舍,既是在说课准备阶段首先要确定的问题,又是说课成败的关键。究竟哪些内容该说,必须说?哪些内容可说可不说?哪些内容根本无须说?那些十分有必要说的内容,就是我们要选择或选取的内容,相反,那些不需要说,可以不说的内容归为舍弃的内容。那么,哪些是要取的、哪些是必舍的、依据什么来判断、取舍到什么程度等一系列问题,都是值得研究的重要理论和实践问题。

一、说课内容及其表述方式存在的问题与分析

任何一项说课活动,都是通过说课者对内容的陈述来呈现的。目前,通过归纳笔者发现,就说课内容而言,存在以下几种常见现象值得讨论。

1. 不同说课活动规定要素不统一现象

无论是不同区域,还是相同区域的不同活动,几乎说课要素的规定都各不相同。有的要求说的要素内容较多,有的较少。目前从全国范围来看,尚未有统一的规定。一方面几乎未开展过全国性的说课活动,另一方面,也未看到某一权威机构对说课要素取舍有明确的说明。因此,出现说课要素不统一并不是什么大问题,关键在于,无论是何种级别的比赛或何种活动,要素的取舍都要有明确的依据,不能过于主观,更不能不考虑其相对稳定性。为此,判断说课哪种要素要求更为合理,是我们说课研究与实践不容忽视的关键问题。

2. 相同要素陈述详略不一致现象

在说课活动中,我们不难发现,对于相同要素而言,有些说课者陈述得较为详细、深入,有些说课者采取的却是简单介绍的方式。然而,究竟哪些

内容该详讲，哪些内容要简略呢？我们在判断的时候，不能简单地看谁讲的多而深就认为其优或劣，而是看哪些要素内容该详讲，哪些内容该略讲。例如，很多说课活动都要求说课者对"指导思想"加以阐述，该要素实际上是让说课者对课的把握要有明确的方向，即所说课的设计要有明确依据。所以，该部分说的时候做到"点到为止"即可，无须长篇大论。在说课实践活动中笔者发现，有的说课者将"指导思想"完完整整地读给大家听，这显然是不可取的。相反，有些内容需要详说的时候也不能过于简单，如教学过程的陈述，除了开始、准备和结束部分可以简单介绍以外，基本部分尤其是该部分主教材学习的过程与方法，甚至是设计意图都需要详细说明。

3. 不同说课者内容表达各异现象

就说课者而言，除了说课水平有高低差异，其说课内容的呈现形式也有明显区分。有的说课者在说课时会原原本本按照说课要求的要素，将事先撰写好的内容进行逐一陈述。例如，某说课者，整个说课过程，几乎是一字不落地将各要素内容一一呈现，一直是低头读稿，这并非真正的说课。而有的说课者，则能将一些书面语言灵活地转变成书面与口头相结合的语言表达方式向听众们讲明课是如何设计的，将如何实施课堂教学工作。还有的更为灵活，整个说课过程各要素的呈现几乎是无缝对接，说课语言非常流畅，会让听众不知不觉中了解了课的设计思路与组织教法。说课能力较强者，其每一部分的内容呈现都会非常巧妙。例如，有些人在说教材的时候，连同教法、学情等一并说得十分清楚。有的或许单独就教材而说教材，这就让人感觉比较单一。

二、说课内容取舍的依据与策略

对说课内容的取舍，应有相应的依据，不能凭空确定。通过研究笔者发现，在确定说课内容的时候，以下几个方面不容忽视。

1. 依据说课活动要求确定说课内容

一般情况下，说课活动的组织者会在活动前下发通知，并提出明确的要求，其中会有关于说课内容的要求。要求要说的内容，每一个参与该活动者首先要明确，属于该要求之外的内容可以暂不考虑。一方面，说课活动时间有限，另一方面，一旦额外增加未要求的内容，导致说课超时，会直接影响说课结果。假如未按要求把该说的内容说完整，也会因内容缺失而影响效果。因此，依据说课活动要求确定说课内容十分关键。假如，说课活动要求说课者说指导思想、教材分析、学情分析、教学目标、教学流程、教学评价、教学特色等一系列内容，参与说课者就要围绕这些方面做充分准备，并在说课活动中逐一呈现，无论是明说（按要素名称逐一说），还是暗说（不点明要素名称，而是将各要素打乱顺序再重新整合），这些方面的具体内容都是不可或缺的。

2. 依据教材特点灵活把握说课内容

不同的教材有着不同的特点，其对应选择的教法手段也会各异，也就是说，几乎每一项教材内容都有其适宜的教法。从"会能度"的角度来看，"会与不会有明显区别"的教材，由于难度较大，学生必须认认真真地从易到难，一步一步地学习方能掌握。因此，说这类教材的时候，教法手段的合理性、适宜性、层次性要有不同程度的体现。相反，对于"会与不会没有明显区别"的教材而言，由于较为简单，几乎不需要太多的讲解、示范等环节。有时过于复杂地教太简单的教材，反而会带来相反的效果，有可能会把学生从"会"教成了"不会"。因此，针对这类教材，在说课的时候就要适度把握所选择的教法步骤，不可过于复杂。同样，对于说基本运动技能类教材和专项运动技能类教材而言，从目标到重难点的确定，再到教法步骤的选择都应该各有侧重地灵活把握。

3. 依据学生情况精准确定说课内容

学生与说课的关系最为密切，或许有些人尚未认识到这一点。说课中具体要说什么，实际上，从指导思想到教材分析，一直到教学流程等任何一个要素无不与学生关联。也就是说，任何一项说课要素，都需要围绕学生情况而展开，脱离学生具体情况的说课，是不可取的。又如，说教材分析的时候，不能只说教材的特点、功能价值，或教材的难易度，而是要围绕学生的实际说教材。首先，教材的难易度是基于学生的具体情况而判断的。其次，教材的功能价值也是在学生学习过程中或学习结果中体现的。最后，就是某一节课安排学什么具体内容，也是基于学生的基础而确定的。例如，耐久跑具有培养学生吃苦耐劳的精神、顽强拼搏的意志品质的价值。又如，安排高一学生学习鱼跃前滚翻，是基于学生在以前学习过前滚翻、远撑前滚翻等相对简单的滚翻技术。因此，就教材分析而言，不能不考虑学生情况，脱离实际的分析，显然是不妥当的。同样，说课中陈述其他的要素也应如此。例如，要说场地器材布置，无论是器材数量，还是场地大小和摆放方式等，都要依据学生说场地布置的方式与结果。又如，如果所说的课是跳箱，有可能老师根据学生的差异性，会摆放高低不等的箱体，有的多一层，有的少一层甚至两层，有的踏板距离跳箱较远，有的放得较近。说课的时候就要将这些摆放的情况与学生实际情况关联起来。

4. 依据时间长短巧妙分配说课内容

无论什么样的说课活动，都会事先规定说课时长。有的较短，如要求在5分钟之内完成一次说课，有的相对适中，比如有10分钟的说课时间，还有的规定在15分钟内或更长时间内完成。说课时间长短不同，说课内容的取舍就显得更为关键，要能够随时间的变化而有所区分，即规定的说课时间越长，要说的内容越多，时间越短，具体要说的内容就要有不同程度的压缩。内容量的增减，实际上反映出的是说课内容广度与深度的把握问题。时间短还要体现要素齐全、面面俱到，就很难说得深入，长一些时间自然就能够做到。因此，说什么、说到什么程度，时间长度起着决定性作用。但无论安排的说课时间是长是短，说课内容都要有所侧重。时间分配上，最好不要将时间平均分配到各要素之中，有些要素的陈述要尽量详细一些，如教学过程的组织与教法部分就要详说，有些可以点到为止，如指导思想、安全防范等，不可无，但也无须太多的陈述。在规定的时间范围内，说课内容只有做到详略得当，方能达到理想的说课效果。

5. 依据个人风格巧妙呈现说课内容

不同的说课者,即便说的都是同一主题、统一要素要求的课,因为说课者个人风格不同,对说课内容的处理也会各有特点。学习他人的说课经验有必要,说课时保持自己独特的风格也应给予充分肯定。例如,两个不同的说课者,一个按部就班,依据活动组织要求将说课稿中的各要素内容一一进行陈述,是常规说课型;另一说课者却从说课内容要素顺序到表现形式都做了大胆创新,突破了传统的常规定式,体现了个人风格特点,除了要素名称明暗相间,具体内容处理也十分巧妙,甚至有的表达得给人以身临其境之感。因此,说课者在了解和很好地把握组织活动具体要求的基础上,在说课中适当体现个人独特风格,有时会达到更为理想的效果。

三、说课内容案例分析

说课活动很多,有的是专门的说课比赛,有的是教师招聘中的一个测试项目,还有的是教研活动中的说课研讨等,无论哪种活动,说课内容的取舍都应准确把握。下面以某区组织的一次说课比赛中的一节小学三年级"跳上成蹲撑—起立—挺身跳下"为例,重点分析该案例中的部分说课内容的取舍问题。

1. 说课案例中的结构要素分析

在说课比赛现场,说课者首先介绍了要说的内容目录,即各要素名称的列举,包括:(1)指导思想与理论依据;(2)教学背景分析;(3)教学目标;(4)教学重难点;(5)主要教学方法、教学手段和教学资源;(6)教学流程示意图;(7)教学过程;(8)教学设计特点;(9)教学效果评价预计。不难看出,这些要素与教学设计文本十分相似,所不同的是,教学设计中的核心内容"教案"在该说课稿中主要分开呈现为"教学目标""教学重难点"和"教学过程"等。另外,"教学设计特点""教学效果评价预计"等要素,基本上是地方上某些区域的说课稿和教学设计中需要呈现的内容。总体上该案例的说课稿内容要素选择相对比较全面,但还缺乏一个较重要的因素,即"安全防范"。因为,假如"安全防范"在说课时不说,就很难判断课上是否有隐患、隐患类型，以及防范方法是否合理等。

2. 说课案例中的具体内容分析

说课中各要素具体要说什么内容，要做到详略得当，重点突出，尽可能地避免不必要的内容陈述。因此，在准备说课稿的时候，就要反复推敲，尽可能地保留非说不可的内容，那些可说可不说的，甚至是完全可以不说的，不要占用有限的说课时间。下面以案例中的"指导思想与理论依据""教学背景分析"为例，分析说课者内容的取舍情况。

"指导思想与理论依据"部分，该案例中的具体内容是："本课以'健康第一'为指导思想，以《义务教育体育与健康课程标准（2011年版）》的基本理念为依据，以学生学习掌握体育知识技能和方法为载体，以身体练习为主要手段，以增进学生健康为主要目标。通过学习'跳上成蹲撑—起立—挺身跳下'发展学生力量、灵敏、协调等身体素质；提高学生克服困难、勇敢顽强、主动参与、互相协作和自我展示的意识和能力。"该部分内容中包含了课标中的部分基本理念，还有课程性质的描述，还有教学目标，实际上，为了节省说课时间，该部分主要应突出的是，依照课标中的基本理念把握明确方向。因此，关于目标的后半部分都可以整合在"教学目标"要素之中陈述。"指导思想与理论依据"的要素名称也可以简化为"指导思想"。

"教学背景分析"要素的具体内容中，既包含过去通常所说的"教材分析"（该案例用的是"教学内容分析"），也包含"学情分析"，还增加了"第一次课学生学习情况、问题和教师对策"。其中，该部分所占内容长度，大约为整个说课稿的1/6。其中，"教学内容分析"是："本课内容选自人教版《体育与健康》三至四年级技巧内容教材。技巧是小学体育教学中一项重要教学内容，小学三至四年级开始出现的支撑跳跃内容是最基本的跳上和跳下动作练习，让学生掌握轻巧落地的方法。通过练习使学生学会跳上成蹲撑—起立—挺身跳下的动作方法，并能够轻巧落地，掌握好身体平衡，腾起后头正、挺胸、展髋，落地时屈膝缓冲。发展学生的灵敏、协调和平衡能力，培养勇敢、果断的精神。""学情分析"是："三年级学生正处于生长发育的关键时期,乐于参加体育活动,在课堂中思维活跃,模仿力强,反应比较灵敏,具有较强的竞争意识。但他们骨骼肌肉和内脏器官发育都不完善,作为支撑跳跃的初学者,部分学生会出现恐惧心理,因此,在练习中加强保护帮助,循序渐进由易到难来克服恐惧心理。我校三年级(1)班共有28名学生,有一定的组织纪律性和集体荣誉感,因此,教学中在自主体验的基础上,加强小组合作学习,提高学生参与的意识和能力。在第一次课学习中,学生基本掌握助跑几步、双脚踏跳、直臂支撑、提臀、屈膝成蹲撑和保护与帮助的方法。个别男同学做动作时,过高估计自己的能力,做出危险动作,须加强安全教育。几名体重较重的学生,降低跳箱高度后在保护帮助下完成动作。"除此之外,还有关于"第一次课学生学习情况、问题和教师对策"的表述,以及单元计划和该次课的单元课次信息(略)。

显然,"教学背景分析"这一要素的三块内容需要做大量的精简和整合,把核心的内容留下,删除可要可不要的信息材料。所谓核心内容,是指什么教材、有何特性、学生学习该教材的基础、本教材选择的适宜的教学方法等信息。"单元计划"部分,该单元四次课每一个课次的技能目标和教学重难点都可以省略不谈,只说明"本次课是本单元的第二次课"即可。

总之,说课内容的取舍要把握其"必要性"和"合理性",必要性主要体现为该不该说,合理性体现为该如何说。说课内容取舍恰到好处,确保陈述内容字字千金是说课取得良好效果的关键所在。下面对说课中的内容取舍做一个简单的归纳。

说课水平有不同, 内容取舍要先行;
把握不当现象明, 精繁简略要分清;
组织要求要参考, 时间保障不可少;
详略得当是前提, 说清关键不偏离。

第三章　说课中的时间分配

说课成功与否，不仅与说课前的内容准备有关，而且还与说课时间能否合理地分配密切相关。目前，说课活动中时间的分配存在哪些问题、什么原因、该如何合理分配说课时间等都是值得研究的重要理论问题和实践问题。本章重点从说课时间分配不当现象、根源及策略三个方面展开讨论，旨在为广大一线教师在说课过程中把握好时间分配提供参考。

一、说课中常见的时间分配不当现象

目前，说课中存在的时间分配不当现象主要有均匀分配、前松后紧、前紧后松、过早结束、超时拖延等。

1. 说课时间"均匀分配"现象

在说课活动中，我们会看到有的说课者几乎将时间均匀分配到各个要素之中，致使听者分不清哪些是重点要说的内容，哪些是可以少说，甚至哪些是可说可不说的内容。均匀分配说课时间，一方面说明对说课内容的重要程度把握不够到位，另一方面也表现出缺乏说课的技巧。例如，该简单介绍的指导思想、教材分析和学情分析等，在有限的说课时间内无须过多陈述，而部分说课者未能做到精简，时间占用过多，导致后面重点内容如基本部分主教材教学的步骤与方法无法说得详细具体。说课过程中对各要素所占的时间均匀分配显然是不妥的。

2. 说课时间"前松后紧"现象

有的说课者在说课的时候，前面的内容说得语速较慢，甚至是说得过细、过全，导致后面的内容完成得过于仓促。有的是采取加快语速的方式加以弥补，有的是草草结束后面的内容，这样"前松后紧"的说课难免会留些许遗憾。有的因要快速说完后面的内容难以做到详略得当，有的因要在规定的时间内完成说课不得不放弃某一内容的陈述，这种不够从容的结尾是难以达到理想说课效果的。如因前面介绍课的背景材料包括教材、学情等过于详细，主教材教学设计方法、意图等该详说的却难以实现详说，甚至连后面十分有必要的安全防范措施也未能留出一点时间说。因此，"前松后紧"显然不是理想的说课时间把控方式。

3. 说课时间"前紧后松"现象

与前面谈到的"前松后紧"说课现象相反，说课时如果时间表现为"前紧后松"，也是不够理想的。"前紧后松"，顾名思义，是前面的内容说得过快，在较短时间内主要内容完成了，感觉还有较充裕的时间，后面的内容语速明显减缓，甚至后面该简说的内容因时间充裕也变成了详细描述，显然这样调配说课时间的方式也是不够合理的，也难以发挥出说课的水平。例如，说课者一开始没有控制好语速，看着PPT上的文字快速读了起来，眼看内容快要读完了，顿时才发现时间还不到一半，于是开始放慢语速，甚至还进一步解释说过的某一内容，明显是在拖延时间，其目的是想刚好在规定的时间完成内容。这样处理显然也是缺乏经验的。

4. 说课"过早结束"现象

所谓说课"过早结束"是指要说的内容说完了，还剩余较长的时间。一般而言，任何一个说课活动都会事先有时间规定，只要不超过时间都符合要求。说课时间多数是在10—15分钟之间，假如过早地结束说课，如规定10分钟说课时间，却5—6分钟就结束了说课内容，同样，规定15分钟，却只用了不到10分钟。用时过短，尽管也有完整的说课内容，但多数情况下是该详说的未能详说，甚至还有的出现内容遗漏的情况，因此，过早完成要说的课，也难以达到理想的说课效果。

5. 说课"超时拖延"现象

说课时间控制不当还表现为"超时拖延"现象。往往是规定的时间到了，内容还有一部分没有说完，有的剩余内容较多，有的较少。很多说课组织者都会在规定时间结束的前一分钟做个提示,有的说课者听到提示铃声会草草结尾,还有的可能未听到提示音,依然保持原有的语速说下去,直到计时者要求其停下,说课者才突然意识到超过了规定时间。当然,有些组织者对时间的要求并非十分严格,尽管有个别说课者超时,也依然允许其把要说的内容说完。这样的做法实际上并不妥,一来对其他按时说完的说课者不公平,二来也会滋长那些超时者不遵守规则的不良习惯。因此,无论参加何种说课比赛或说课教研活动,一定要有规则意识和时间观念。

二、说课时间分配不当的主要根源

说课时间分配不合理,有一定的原因。通过研究笔者发现主要有以下根源:准备工作不够充分、说课期间过度紧张、说课过程增减内容、说课组织不够严谨等。

1. 准备工作不够充分

说课效果好与差,取决于准备工作做得是否充分,尤其是说课时间是否合理分配。较为准确地给每一要素的内容分配好其所需要的时间,该详说的时间稍长些,该略说的时间自然应少一些,合理分配好每一要素的时间,有助于在说课时做到从容和自信。假如说课没有做好这样的准备,而是跟着感觉走,很容易过早结束或超时拖延。准备工作不充分具体表现为以下几种情况:一是准备的时间短,未来得及分配各部分的时间;二是准备时间充裕但考虑得不全面,忽略了时间分配问题;三是对时间进行了分配但不够精准。总之,说课要做好充分的时间分配准备工作。

2. 说课期间过度紧张

有的说课者在说课过程中出现明显的紧张状态,时间的控制就容易出现问题。有的是因紧张而忘记内容,说课早早结束;有的是因紧张而语无伦次,打乱了原来的时间分配,说课不能按时完成略有拖延;还有的因紧张过度而终止说课比赛。造成紧张的原因也很多:有些说课者的紧张很难在较短的时间内消除,因为属于心理素质问题;有些说课者的紧张缘于准备不够充分,多数是对说课内容不够熟悉；还有的经验不足，一旦在说课过程中有点遗忘，就马上出现紧张情绪；还有些紧张是由于参与说课的次数较少，甚至是第一次参加说课，完全没有经验可言，尤其是遇到突发情况会不知所措，紧张感会更为突出。因此，说课时间能否合理把握也和紧张与否密切相关。

3. 说课过程增减内容

说课一般要求说课者按照事先准备好的内容通过语言逐一呈现，通过观摩说课比赛和教研活动笔者获悉，也有少数说课者在说课的时候任意增加内容或删减内容。这一做法直接影响着说课时间，并容易导致时间延长或缩短。说课时无论是增加内容还是删减内容，都反映出：一种情况有可能是说课内容记得不牢，根据自己的不完整记忆在说课；另一种情况有可能是缺乏说课经验，未能很好地把握住说课进度，担心时间不够而随意减少了某一要素或某一小块内容，结果显得内容不够完整，时间把握也不够精准；还有一种情况是说课者的习惯所致，容易在说课活动中自由发挥，结果很容易造成超时拖延。总之，无论什么情况下在说课过程中增减内容都是不妥的。

4. 说课组织不够严谨

组织说课活动都要求有较为严格的规定，例如时间的限制、内容要素的取舍定位等。具体到说课组织不够严谨现象，要么说课活动在时间上没有明确的要求，要么有要求而不严格执行。说课时间没有明确规定，一般出现在说课教研活动之中，假如这样的活动不对说课做出具体的时间规定，很有可能使参与说课者没有时间观念，自然也就不会有明确的按时说完要说的内容的意识，说课者的随意性较大。有明确规定但不认真履行，说明时间观念不强，尤其是，一旦组织者不叫停已到时的说课者，其他说课者也都会模仿组织者的做法而不严格遵守说课时间，超时拖延自然就难以避免。总之，说课活动中，组织者是否认真履行了规则要求，与说课者能否按时完成说课关系密切。

三、合理把握说课时间的有效策略

能否合理把握说课时间，既是态度问题，也是能力体现。为有助于参与说课的老师合理控制说课时间，顺利完成说课任务，或在说课活动中表现更为优秀，下面提出几点有效策略。

1. 认真准备精心分配说课时间

做好说课前的准备是保证说课成功的关键，不仅要认真，还要能够对各要素所占时间做出精心的分配。当然，组织者规定的说课总时间不同，各部分的时间分配自然会有一定的区分。无论所规定的时间是长还是短，基本上要把握一个主次要素的时间分配比例，最好能够把大约一半的时间用于主教材教学步骤的讲述上，包括要说清楚该部分的设计思路与方法、设计意图，学习与锻炼手段，甚至能够达到的效果等。实际上，说课需要表达出的效果，一个是说清楚课是如何设计的，一个是说清楚课是如何上的，后者所占的时间要稍长些。因此，在说课准备阶段，只要能够把主要部分的时间确定好，一般情况下，说课时间的分配不会出现太大的偏差。

2. 反复说练准确把控各项时间

现场说课时，能否合理把控好各要素的时间，也就是说，能否按照事先分配好的时间完成说课任务，既取决于一个人的说课能力，也取决于在准备阶段是否做了反复的计时说练。多次反复掐着时间进行说课练习至关重要，通过练习既能对总时间有一个总体上的把握，也能够对各要素的时间分配是否合理做出较为明确的判断，对不合理的分配及时做出调整。假如通过反复说练，确定事先分配的时间是合理的，那就通过反复练习使各部分时间能够相对固定下来，熟悉了以后，就能够在说课的时候准确按时间分配阐述要说的内容，而不至于过早结束或超时拖延。因此，说课比赛前的说练不容忽视。

3. 熟记内容避免说课遗忘拖延

说课内容既有如何设计的部分，也有如何组织教学的部分，而且每一部分还要细分为若干个要素的具体内容，一旦在说课过程中遗忘某一部分，都有可能因利用过多的时间停留在思考回忆上而拖延整个说课时间。为此，说课前在认真准备阶段，熟记各要素的具体内容十分必要。但熟记的方法绝不是死记硬背，而是在设计好说课文稿以后，细心地看、进一步理解与反复地琢磨，直至合上文稿能完整地、顺利地复述出来。一旦达到了这样的熟记程度，说课的时候就不容易因内容遗忘而拖延时间。

4. *提高能力巧妙处理突发事件*

说课的时候，也会因为出现某一突发事件而使说课活动暂时中断，或因处理突发事件的方式不当而完全终止说课比赛。这就要求说课者应巧妙把握，提高处理突发事件的能力。常见的说课中的突发事件有很多，诸如电脑故障、PPT无法显示，麦克风电量弱或不能正常使用，做示范失败，因紧张内容遗忘，一时未能忆起要说的内容，等等。无论什么样的突发事件，都会对说课造成一定的负面影响，突发事件处理不当，将会带来更加严重的结果。因此，提高对突发事件的处理能力及说课全程的把控能力尤为重要。要想提高说课能力，除了要多练说，熟能生巧，还要多观察，学习他人的经验。同时还要强化说课研究，归纳总结已有说课经验，以求分析、判断、解决说课问题，也能够在一定程度上提高说课者的说课能力和水平。

说课尽管没有上课时间那么长且复杂，但要想成功，就要把控好时间。说课时间的分配与把握是否合理，起着关键性作用。及时了解说课中时间分配的不当现象，并深入了解其根源，对合理把控说课时间将能起到重要作用。同时，说课时间的巧妙合理分配也要因人而异，由于个人风格不同，可能时间的分配也会与众不同，甚至独具特色。下面对说课时间分配做一个简单的归纳。

时间要求提前定，　说课过程好把控；
内容长短有不同，　时间分配要跟从；
把握不准现象多，　提早延迟均有过；
产生原因要厘清，　能力水平要提升；
认真准备反复练，　把准时间是关键。

第四章 说课中的示范处理

对说课进行评价的时候，不仅要看说课者对要说的课是"如何设计"的，还要看所设计的课将"如何上"。一个说课者假如能够把这两个方面表达清楚，基本上就完成了说课的任务。显然，在说"如何设计"这一部分的内容时无须做动作示范，因为该部分是在说"理"，是要说明设计的思路、方法与结果等。另一部分说"如何上"，实际上要表达的是"法"，通常情况下，该部分的呈现主要还是通过语言来表达，在对说课活动的观察中笔者也发现，有的说课者在说课时穿插有示范。但究竟说课中该不该做动作示范？过去说课中的示范有哪些不良现象？是何种原因产生的？如果要在说课中做示范，该如何处理好示范与说课其他内容和形式的关系？这些都是达到理想的说课效果需要关注的问题。

一、说课中的示范现象

对于有示范的说课而言，据笔者观察，说课过程中的示范出现过若干不良现象。诸如示范错误、示范失误、示范过多、示范不便等。

1. 示范错误现象

无论是我们平常上课还是专门的说课活动中，只要做示范，都必须确保正确无误。否则，上课时出现错误示范会误人子弟，说课时做出错误示范会直接影响说课效果。如一次说课活动中，一位说课者在说篮球双手胸前传接球课时做了一个传接球示范，可是，接球时说课者两手的十个手指都朝向了前方，显然是错误且存在安全隐患的。如果按照说课中的这种示范方式去上课，学生不仅不能掌握正确的传接球技术动作，而且还很容易在接球时发生手指挫伤，甚至骨折。以前，在观察体育课堂的时候笔者就发现过类似的事情。某小学生接球时手指朝前，结果导致左手小手指骨折，造成了较为严重的心理障碍，后来学习篮球接球时再不敢主动去迎球和接球，而是用两手的掌跟先将球打在地上，再将其捡起。与此同时，这也给任课教师带来了不必要的麻烦，因为那位受伤学生的家长后来不依不饶，三番五次地到学校闹事。所以，说课中我们看到的示范错误，也很有可能会在今后的上课过程中呈现，也同样有可能带来一些不良后果。因此，示范确保正确至关重要。

2. 示范失误现象

有些说课者在说课中做的示范不是错误，而是因失误未能示范成功。如前滚翻示范时未能顺利滚动，有的是偏离滚动方向，甚至偏离出了体操垫；有的尝试两次示范都没有顺利做出滚翻动作；还有的滚动动作做完后未能成蹲撑姿势；等等。又如，有人做足球脚背连续颠球示范时，球被颠起一下就跑掉了，两个连续的颠球就未能做出。还有的说课示范失误表现在准备工作未能做充分，排球自垫球示范时，由于手腕上带着手表，抛起要垫的排球，接触手臂的一刹那却砸在表链上而被斜弹出，未能完成自垫动作。还有些失误出现在临时配合完成示范的同伴身上。如有次说课活动，说课者在说篮球双手胸前传接球的时候，事先安排了一位与他配合传接动作的老师，但是，当两人互相传接球的时候，配合者未能将球准确传递到位，而是过高了，说课者就未能做出准确的接球技术动作。以上各种示范失误都会不同程度地影响说课效果，因此，与其出现失误倒不如不做示范。

3. 示范过多现象

一般而言，对于说课者来讲，几乎所有的说课活动组织者都没有明确规定在说课过程中要做示范，更没有要求做几次示范。可是，有些说课者不仅有示范，而且还多次做示范。示范次数越多，不仅出现失误的概率越大，而且还会占用更多宝贵的说课时间。说课中过多的示范一般出现在介绍课的内容时，有的是基本部分主教材内容呈现时，还有的是说到学生各种形式的练习教师做巡回指导环节时，等等。例如，在说一节排球传球的课时，说课者开始介绍该次要说的课的内容，就先做了一下徒手传球动作，并简单做了解释。在按照教学流程说到基本部分的时候，说课者拿起放在一旁的排球，完整地做了一个自传球示范。随后又请出一位配合者，做了正面上手传球示范。三次示范总耗时1分半钟左右，再加上对技术动作的讲解，仅这两项就占用了3分钟。对于一个10分钟左右的说课活动而言，显然多次示范会导致说课时间分配不合理，因此说课过程中多次示范是不妥的。总之，说课的示范应简洁明了，点到为止。

4. 示范不便现象

就说课中是否做示范问题而言，并非所有的内容都适宜示范，因场地限制、器材限制、时间限制、能力限制等诸多条件限制不能或难以完成示范的时候，在说课过程中可以放弃。可是，在一些说课活动中，却有说课者对那些看似完不成的示范也试图做，这显然就很难达到理想的说课效果。例如，体操器械类内容的说课，就难以在说课中穿插示范动作，可是，某次说课比赛，说课是在教学楼3楼的一个教室内进行，由于场地的限制，在双杠上完成示范几乎是不可能的，而那位说课者在短短的说课时间内连续做了三次双杠跳上成分腿坐的"徒手示范"，其目的是想在没有器械的情况下，尽可能地多做几次让大家看明白。实际上，这样的做法大可不必，因为说课重在说而非做，不便于完成示范的说课内容，仅通过语言表达完全可以达到较为理想的效果。

二、说课中的示范定位

说课活动中是否需要示范，或许不同的人有不同的理解，也有不同的处理方法。下面我们分析一下，究竟该如何给说课中动作"示范"进行定位。

1. 示范在说课中可能体现出的价值

假如是在上课过程中，动作示范不仅能够有助于学生了解动作方法，建立动作概念，有助于学生更有效地练习，而且示范准确、完整、优美还能引发学生的兴趣，提高其参与度。那么，就说课而言，假如在其中也穿插动作示范，能够发挥什么作用呢？首先，假如示范动作成功完美，能够在一定程度上体现教师的专业技能水平，对说课效果会产生一定的积极作用。其次，如果示范时机恰到好处且不占用较长时间，由于增加了肢体的动作配合，体现了形式的多样性，会给听众或评委带来耳目一新的感觉，因为并非所有的说课者都会在说课过程中做示范。再次，对于不善表达的说课者而言，或许还能够在一定程度上弥补语言缺陷，动作表达往往会更为直观和吸引人。总之，假如在说课活动中巧妙且适当地加入说课主教材内容的动作示范，说课效果或许会增强。但是，不能为示范而示范，形式化的或错误的示范要不得。

2. 说课中的动作示范依据需要而定

把握好说课中的示范尽管能够起到一定的作用，但是并不是每次说课或说什么样的课都做示范，是否做示范，一定是根据所说课的内容需要而定的。那么，什么叫依据需要？如何准确把握这一需要？这是说课者在准备阶段事先要做出准确判断的。然而，什么情况下需要？什么内容需要？什么条件下能够满足需要呢？首先，要考虑说课组织者是否在说课具体要求中有明确规定，如果规定说课中做示范或可以适当做示范，那对于说课者而言，是需要考虑做示范的。其次，要考虑说课的内容是否需要通过一个示范才能更为清晰地表达。有的内容仅靠语言描述会比较抽象，且某一技术动作很多人又不太熟悉或不容易理解，此时穿插一个示范，或许会有助于听众或评委更直观地获取说课信息，这种情况示范是有必要的。再次，要结合说课者自身的说课风格或特点，有的习惯于在说课过程中加入示范动作，而有的可能不习惯于这样做。因此，说课中是否要做示范，可以考虑自己以往的做法，而不去过分纠结做还是不做。

3. 不能确保精准的示范尽可能不做

如果说课者在说课过程中插入的示范不够正确或出现失误，或做得不够标准，与其做示范，倒不如不做示范。不够精准的示范很有可能还会带来一定的负面作用。说课时做的示范达不到理想的效果，有时还会造成说课者产生紧张情绪，直接影响后续部分说课效果。有时因示范失败而造成不必要的紧张，可能会导致遗忘，甚至有的心理素质不良的说课者，有可能因此而完全中断说课。如，在一次说课比赛时，有位说课者在说课过程中按照他事先设计好的练习手段给学生做斜坡跪跳起示范的时候，由于设计不够合理，结果示范时未能跳起，示范失败，该说课教师就开始紧张起来，因不知所措而暂停说课，这是因不当示范而导致的后果，这样的示范倒不如不做。即便是具有较高语言表达能力的说课者，一旦说课中的示范出现失误，也很难弥补。说课中因示范引发的问题可以看出，说课中的示范假如不能确保精准，建议最好不做。

4. 评说课不会因为没做示范而降分

当专家们评说课的时候，或许有人会担心，会不会因为有的老师做示范，有的老师不做示范，打分标准会有所不同呢？应该是不会的。因为从笔者目前所了解到的情况来看，在开展说课比赛的时候，一般不会提出示范在整个说课评价标准中占一定的权重比例，更不会出现因有示范而加分，因没有示范而扣分的做法。可是，一旦说课中做了示范，示范本身的效果给评委们带来的直观感受，会或多或少地影响对说课水平的判断。如一次说课活动中，在示范可做可不做的情况下，说课者选择做了一个示范，由于某一原因示范没有成功，给评委们的打分带来了负面影响，或许有的评委会因此而扣分。但是，假如可做可不做示范的说课，说课者的选择是不做示范，错误或失败示范也就不会存在，说课者都是通过语言表述动作方法，因示范错误或不成功的扣分自然也就不存在了。因此，评说课不会因为不做示范扣分，但做了示范且示范出现了各种各样的问题，会影响评委们的打分，尤其是扣分的可能性较大。

三、说课中的示范策略

任何一个说课者都希望在说课的时候表现良好，甚至在比赛中能取得较好的成绩。示范的有无、示范质量的优劣对说课会产生直接或间接的影响。那么，如何更好地把握说课中的示范内容与形式？建议尽可能地把握好以下几个方面。

1. 示范要能起到画龙点睛作用

很多说课组织者都没有提出关于说课示范的明确要求，而一旦说课者选择了在说课过程中配合做一次示范，就要能够使该示范起到画龙点睛的作用，而不是画蛇添足的作用。例如，示范时教师的技术动作不仅顺利完成，而且非常精湛优美。这一定程度上能够弥补说课语言表达之不足。因此，假如要在说课中穿插一次示范，在说课准备阶段就要多下一些功夫，确保在说课中能够做出起到画龙点睛作用的优美示范动作。

2. 示范次数时机需要灵活把握

当确定了要在说课中做示范，就要充分考虑好示范在整个说课过程中的次数以及时机。显然，说课中的示范不是越多越好，因为受说课时间的限制，示范次数增多必然会占用过多的说课时间。而且无论是几次示范，其出现在整个说课流程中的具体位置需要灵活把握且恰到好处。有些人会在说课开始介绍说课内容的时候巧妙地呈现其动作示范，但更多人是选择在阐述课的流程或课的基本部分的时候，做一次完整示范或部分技术动作（或是技术动作的最关键部分）示范。

3. 示范失误及时通过语言补救

说课活动中一旦出现示范失误该如何补救呢？是再继续做一次成功示范，还是就此停下继续通过语言表述说课内容？可能不同的人处理方式也不尽相同。为了确保不因示范失误而继续扩大对说课效果的负面影响，一旦示范失误后，如果没有百分之百的把握，建议不要再次做示范。要尽可能巧妙地用语言来弥补示范之不足，可再次强调技术的关键，或补充一句："该动作对于学生来讲，如果不能把握住动作关键就很难完成。"也就是说，当示范做得不好的时候，可采取正反向说清楚的方式补救。

4. 区分说课与上课的示范差异

由于说课与上课不是一回事，侧重点不同，表达方式不同，即便是说课与上课活动中都有动作示范，其示范的要求也存在明显区别。因为，毕竟在上课时示范所面对的对象是学生，既需要任课教师把技术动作做对做好，还要在示范前有明确的观察法指导，不仅要做清楚，还要能够确保让学生看明白，便于学生模仿老师的动作进行练习。说课中观察教师的示范者却是听众或评委，不存在后续的练习等环节，因此，说课示范的呈现形式、对示范面的选择、示范位置的调整、示范前的提示等，都没有像上课那样要求严格而明确。

或许很多人平常不太关注说课中的示范问题，但是，由于示范完成的情况与说课效果息息相关，因此，说课示范问题的研究就不容忽视。一旦在说课中选择穿插某一示范动作，就要力求在不出现明显的大错误的前提下，尽可能地趋于完整而优美。既要体现说课者的技能水平，也要体现说课者具有一定的说课技巧。下面对说课中的示范处理做一个简单的归纳。

示范现象有很多，　错误失败也有过；
说课过程要把握，　说中示范不多做；
视频演示可选择，　演示结束有评说；
现场示范看需要，　时机次数考虑到；
精准示范需呈现，　画龙点睛是关键。

第五章 说课与模拟课的区分

说课和模拟课是不是一回事儿？从名称来看，几乎所有的人都会回答二者不同，但在操作层面，有不少人将说课当成了模拟课，也有人在上模拟课的时候却又把它当成了说课，这说明有些老师是将二者混淆的。那么，二者究竟有何不同？如何区分？又如何把握说课与模拟课的技巧？下面就以上问题展开讨论。

一、混淆说课与模拟课的若干现象

在具体的说课与模拟课活动中，我们时常会看到或听到有人将二者混淆，具体表现在以下几个方面。

1. 说课时"边说边教"现象

有一些说课者在说课的时候，不是始终用介绍或阐述的表达方式说课，而是时而在说，时而在做，时而在模拟与学生互动交流。这样的表达形式显然不是真正意义上的说课，实际上已经与模拟课相混淆。之所以在说课时"边说边教"，其根源在于未能真正掌握说课要领。说课的最本质特征是"说"，是"介绍"，是"阐述"和"展示"，主要通过口头语言将课的设计和组织方法讲清楚，听者完全通过聆听这些信息，明确课的设计思路和方法，以及判断是否合理与科学。假如说课活动中不是在说，而是边说边教，不仅自己有可能表达模糊，逻辑不清，而且也很有可能让听者莫名其妙，搞不清是在说课还是在模拟上课。当然，对于那些也同样分不清说课与模拟课的听者，或许并不会产生疑惑。

2. 模拟课"边上边说"现象

在某一模拟课比赛现场，曾经有参赛选手在模拟课堂上集合整队宣布课的内容以后，就开始给评委和观众们介绍接下来课将如何上，说完，又开始模拟上课，在模拟期间，又穿插介绍课的组织形式与方法等。总之，既不是完全的模拟课，也不是独立的说课，而是以模拟为主，"说"与"模拟"交替呈现的不规范的模拟上课。显然，这样的呈现方式是不清楚二者的最本质区别。模拟上课最基本的特征是"上"，只是没有学生又当作有学生的"上课"，是在模拟真实课堂，可以有讲解、有示范、有组织学生练习的模拟形式，甚至还有巡回指导等模拟教学环节，以上各种教学形式模拟效果的好与差，体现了模拟上课能力的高低。因此，"边上边说"的模拟课是不合乎要求的，真正意义上的模拟课无须介绍课的设计思路与方法，而且多数是"无生"课堂。

3. 模拟课"始终在说"现象

和"边上边说"的模拟课现象相比，"始终在说"的模拟课显然是更不准确的。因为，这完全把"模拟课"与"说课"画上了等号，这是一种错误的理解。如在第一届全国中小学体育教师教学技能比赛中，在模拟上课比赛的时候，笔者就发现不止一位参赛选手自始至终都是在说课，似乎一点都看不到有模拟上课的迹象。之所以当时有些参赛教师理解和操作出现偏差，是因为或许很多人还未接触过模拟课，也就是说，或许他们还不知道模拟课究竟是一种什么形式，当时，模拟课是没有学生参与的形式，这就难免会有教师将模拟课完全当成了说课。但随着时间的推移，也随着大家对模拟课的理解越来越准确和到位，再在模拟上课的时候穿插说课的现象不多见了。

二、说课与模拟课的关联点与区别

无论从形式还是从内容来看，说课与模拟课都是存在本质区别的，但是，二者也并非完全没有关联。

1. 说课与模拟课的关联点

以不同方式呈现的"课"，如主要通过口头语言呈现的说课，通过口头语言、肢体语言以及身体运动多种形式表达的模拟课等，它们之间有着一个关联点，即都是从不同角度，通过不同形式检验或促进教师专业技能水平的重要手段。也就是说，检验与促进教师专业技能水平是二者均具有的功能。例如，说课活动的开展，既可以检验教师对课的设计能力和语言表达能力，经常参与说课，还可以促进教师对课的设计与表达能力的提高。同样，参与模拟上课也是如此，一方面可以检验教师课的设计水平和模拟真实课堂上课的水平，另一方面，经常参与模拟上课，也可以有效促进课的设计能力和模拟教学能力。由此可以看出，说课和模拟课因共同具有检验和促进教师专业技能水平的作用而相互关联。因此，尽管二者有着本质区别，但也不能将其绝对孤立起来。说课能力强者，或许模拟上课的能力也不弱，反之亦然。

2. 说课与模拟课的不同点

说课与模拟课无论形式上还是内容上都存在明显不同，充分认识两者各自的特殊性，方能在两种不同的活动中更好地表现。首先，从形式上说，说课的形式较为简单，要求说清课如何设计和将如何上；模拟课的呈现形式略微复杂，不仅仅是通过语言表达出教学工作，还需要示范（如教师做完整示范）以及适当组织活动（如模拟调整队形、组织练习）等。从难易程度来说，模拟课比说课的难度相对大些。其次，从内容来看，说课的内容多数情况下是关于教学设计，设计的合理与否以及创新程度都可以通过语言表达出来。而模拟课的内容与说课大不相同，因为模拟课是模拟真实的课堂，实际上也是在上课，所以其主要内容与常规课要呈现的内容十分类似。如果是完整课堂的模拟，就与整个常规课的内容基本吻合；如果是部分模拟（如模拟基本部分），就要围绕模拟的部分展开模拟教学。

三、成功说课与进行模拟课应把握的技巧

要想在说课与模拟课中取得较好的成绩或表现较为突出，就应把握二者在语言表达、身体配合、有效创新、现场应变等方面的技巧。

1. 语言表达技巧

语言表达是说课和模拟课都不可或缺的形式，只是二者通过语言表达的

内容有所不同。那么，该如何把握说课与模拟课中的语言表达技巧呢？

就说课而言，语言表达关键是要体现清、准、精、通。其中"清"，是语言清晰，结构分明，无模棱两可现象；"准"，是语义准确，表达到位，无错误表达现象；"精"，是语言精简，干净利落，无拖泥带水现象；"通"，是语言流畅，语义贯通，无中断遗忘现象。总之，说课的语言表达要清晰、准确、精简和流畅，否则，就难以在说课比赛或活动中有较好的表现。

就模拟课而言，语言表达关键是要体现全、导、简、妙。所谓"全"，是语言内容全面。有常规性语言，如集合整队、安排见习生、宣布课的内容和要求等；也有讲解性语言，如讲解技术动作的要领等；还有指导性语言，如学法指导语，如示范前讲清学生如何观察示范等；还有总结性语言，如在结束部分做简单小结等。所谓"导"，是语言具有一定的引导性。模拟课是模拟有学生的课堂，所以，同样要有引导性的语言，或是指令性语言，又或者是启发性语言等。所谓"简"，主要是体现出简单明了，要能够做到复杂的语言简单化，专业性语言通俗化等。所谓"妙"，是语言表达恰到好处，讲解时机把握准确，语速、音量适中等。总之，模拟课离不开语言表达，且范围广而全，语义体现引导性，内容简单明了，语言处理巧妙。

2. 身体配合技巧

无论是说课还是模拟课，都会或多或少有身体配合的环节，有的类似于肢体语言，传递着一种信号，如一看皆明了的高低站位集合的手势，手指手掌协同表达的暂停口令，点头示意认可，紧握拳头连续震动两三次表示鼓励，等等。有的是用身体完成某一技术动作，如模拟课上，当讲述完单手肩上投篮的动作方法以后，紧接着做了一次示范，这一示范是与语言配合完成的对技术动作的展示，是一种更直观的表达方式。还有的在模拟组织学生练习的时候，老师巡回指导过程中，也会不时地结合学生练习情况做出纠正错误的动作。还有就是模拟师生合作或完整或分解地示范某一练习方法。与说课相比，模拟课上出现身体配合的频次更高。

那么，身体配合的技巧应如何体现呢？应把握住动作标准、时机恰当、速度适中、表达完整这几个方面。所谓"动作标准",是在说课或模拟课上,只要做示范动作,都要确保准确无误,达到示范的标准要求,示范位置选择准确、示范幅度大小合适、示范形式灵活多变等。做示范就要能够起到示范的作用,动作标准是最基本也是最关键的。所谓"时机恰当",就是身体配合要在什么时候呈现,要能恰到好处,不是任何时候都需要身体配合。身体配合过于频繁,或许会给人一种手舞足蹈的感觉,一定程度上可能会减弱说课或模拟课的效果,是得不偿失的。所谓"速度适中",主要是指身体发出的动作要有一定的节奏控制,不可过快,也不可过慢。过快难以表达清楚,也会给人以紧张感;过慢会浪费时间,还可能难以达到身体配合的目的。如紧握拳头拳心向内在胸前做两次上下震动动作,速度就要恰到好处,过慢就显得不够坚定。所谓"表达完整",就是当身体某一部分发出动作信号,要能够充分表达出所要表达的含义。如用手势配合口令发出站立式起跑的指令,当发出"各就位"口令的时候,手臂同时举起,接着发出"跑"的口令,手臂需要同时做出向下迅速摆动的姿势,这样的手势才显得完整。又如集合整队,当教师做出一高一低手势的时候,该手势就需要停留一定的时间,也就是说,学生都能够大约站好位的时候再放下,并进而发出后续的队列口令。再如模拟课上,假如要做"传接球"示范,当做完"传球"示范以后,紧接着要完成一次"接球"动作,否则示范动作就不完整。

总之,尽管身体配合不是说课与模拟课的主要形式,但也必不可少,灵活把握身体配合技巧或许能够达到意想不到的效果。

3. 有效创新技巧

各种形式的课上,有无创新决定了效果的优劣,如何创新则体现了能力的高低。一线教师在说课和模拟课上的创新表现,一定程度上影响着对这两种活动的效果评判。创新是否有效与说课和模拟课的效果是呈正相关的,因此,有效创新技巧的把握至关重要。那么,说课和模拟课的有效创新技巧是什么呢?实际上,要想达到创新有效,需要关注以下几个方面。一是创新内容要"实",不能走形式化的创新,可以是语言表达方式别具一格,让人听了有耳目一新的感觉。如很多人说课都是按照固定的结构范式说，先说指导思想，再说教材分析、学情分析、教学流程等，而采取新颖的表达方式，可以打破该顺序，将几个要素的内容整合在一起，没有明确的要素之分，但又能巧妙地将各部分的内容说得清晰完整，这样往往会显得更为流畅。二是创新形式要"真"，模拟课上的创新要尽可能地将创新点设置在基本部分主教材学习上，最好是设计新颖的练习手段，有利于激发学生兴趣，并能达到良好的教学效果。当然，该部分的创新不能为创新而创新，那些不真实、效果差，甚至不合理的创新是不可取的。三是创新次数要"适"，即适当，过多的创新有可能会显得为创新而创新，过少或没有创新会显得亮点不够突出，在比赛中不利于取得更好的成绩。因此，说课和模拟课中巧妙适当地设计有效创新是有必要的。

4. 现场应变技巧

说课或模拟课中都有可能出现突发事件，现场及时准确地做好处理至关重要。那么，该如何把握现场应变的技巧呢？首先，设计有预案，即在设计环节需要考虑一些有可能发生的突发事件的现场处理办法。例如，一旦说课过程中突然断电，PPT无法正常播放，该如何处理？在室外模拟课的时候，突然刮起了大风或下起了小雨该如何应对？如果事先都想好了处理办法，一旦出现类似的情况就不会措手不及。其次，快速准判断，即遇到突发事件的时候，要能够准确快速地做出判断，是什么原因造成的。例如，说课过程中突然电脑黑屏，就要能够马上做出判断，是因临时停电、线路故障、电源线未插好，还是屏保等。准确判断突发事件产生的原因，方能快速做出处理。再次，遇事要冷静，即现场出现任何突发事件都要头脑冷静，绝不可手忙脚乱不知所措，从容应对有利于妥善解决突发事件。面对突发事件也应该从容淡定。最后，说课不中断，即当突发事件发生以后，处理突发事件不能占用太多时间，一旦不能马上恢复正常，就要转向另一种方式继续完成说课或模拟课的剩余部分内容，最好不要中断比赛。如电路故障一时无法恢复，就要凭自己准备阶段对内容的记忆，将比赛继续下去。假如模拟课时突然遇到大

风天气，只要示范不受影响，依然可以继续下去；假如风力较大，无法正常完成示范（如羽毛球的发球技术），可以不用羽毛球，只持拍模拟示范动作即可。总之，遇到突发事件时，在保证说课或模拟课不完全中断的前提下，快速判断、准确处理十分关键。

　　说课和模拟课不是一回事儿，相信大家都能认同。在把说课说得像说课，把模拟课上得像模拟课的基础上，要想体现出较高的水平，就需要把握诸多技巧。本章仅仅从语言、身体、创新、应变几个方面做了初步分析，起到抛砖引玉的作用。除此之外，还需要参与说课和模拟课者结合自己的经验不断探索，找到适合自己的最有效方法，甚至可以形成说课和模拟课的独特风格。下面对说课与模拟课的区分做一个简单的归纳。

说课与模拟课的区分

说与模拟有不同，　概念实施有侧重；
混淆现象时常有，　边说边上问题留；
说课重点是介绍，　模拟上课组织到；
成功说课有技巧，　表达应变不可少；
无生模拟难度大，　想象能力别落下。

第六章　成功说课应把握的关键

凡是参加说课的老师都想在说课活动中取得理想成绩，但能否如愿？都与哪些因素有关？起关键作用的是什么？通过研究笔者发现，从设计到实施，再到专家提问整个过程中，能否做到精细准备、精准表达、精辟答疑，直接决定着说课的成败。

一、说课设计阶段的"精细准备"是成功说课的前提

每一次说课前，说课者都要做一系列的设计准备工作。包括文本的准备，如撰写教学设计或完整的说课稿，制作说课课件，拷贝课件，播放课件等；包括心理的准备，如为了不产生紧张情绪，事先反复熟悉说课材料，个别情况下还有可能做器材的准备，如想在篮球单手肩上投篮说课过程中做一个投篮示范，在体操前滚翻说课时做一个前滚翻示范，或许需要事先准备一个篮球和一张体操垫等。那么，如何体现准备工作做得精细呢？

1. 说课文本力求完备

撰写说课文本是成功说课至关重要的一环。从对以往说课文字材料的了解来看，有的说课文字材料缺乏反复通读的过程，不仅存在错别字，还有的专业术语表达错误。有的还在多级标题的编号上存在顺序颠倒或其他不规范现象。一旦提交的是有错误或不完善的明显被人看出是不够认真的说课文本，尽管评委们可能不明确地在参与态度方面扣除一定的分值，但是也会在整体评价时给评委留下不好的印象。因此，参与说课比赛前，在撰写好说课文本材料后，要能够反复地阅读修改完善，力争消除错误或表述上的不当之处。例如，一份"篮球传接球"内容的说课文本材料，在"教材分析"部分，多处将"传接球"写成了"传球"。这不仅仅是一个漏字现象，很有可能会被升级为态度问题或专业术语不准确问题等，这势必会影响到参赛结果。

2. 目标设置体现差异

无论是上课还是说课，教学目标的设置都会对其效果产生一定的影响。过去有关目标设置的问题主要集中在是否具体和可操作、可评价上。实际上，还有一项不可忽视的就是在目标中是否体现了学生的个体差异，即目标是否顾及了全体学生。如果以前未能在这方面加以重视，建议以后在说课文本中能够有所体现。因为《义务教育体育与健康课程标准（2011年版）》基本理念第四条提出：关注地区差异和个体差异，保证每一个学生受益。如果要让每一个学生受益，从教学目标的设置上就要能够体现层次性，最好不要制定空泛难落实的笼统目标。也就是说，从目标设置上就应该能够显示出照顾到了全体学生。以初中一年级的篮球原地传接球的说课内容为例，在进行运动技能目标设置时，根据学生的不同运动技能基础，可以提出不同的目标要求，如果有少部分学生已经熟练掌握了原地传接球技术，就可以在为大部分学生制定原地传接球学习目标以后，给这少部分学生提出较高的目标要求，甚至可以让他们完成行进间传接球练习任务等。

3. 课件制作选配精美

在部分说课比赛中，要求制作课件，以PPT的形式配合完成说课。要想在说课中充分发挥其作用，有助于说课取得较理想的效果，PPT的制作要尽可能地精美，尤其是内容呈现形式和图文字体色彩搭配都应有讲究。如果每一张PPT都是通篇文字，不仅给人的视觉效果不好，让人看着吃力，而且很难吸引观众和评委的注意。假如评委们不能集中注意力聆听说课陈述，那么或多或少地会对说课结果产生不利影响。基于此，要考虑尽可能地以图表代替大量的文字，必须要呈现的文字，也最好使文字的字体醒目。图表的颜色选配也应充分考虑其合理性与精美度。课件制作时假如能够考虑到动静结合，则更能引起关注，而且还会给人以耳目一新的感觉。基于此，说课者要力争从PPT的展示上就略胜一筹。如北京实验学校任军老师在一次说课比赛的课件演示中，以一个可以移动的模拟小人儿完成了游戏跑动示范，让人眼前一亮，吸引了大家的注意，并给评委留下了深刻的印象。

4. 材料拷贝认真核对

常言说，细节决定成败，说课时一旦需要借助PPT展示，那么PPT内容的拷贝也不可疏忽。无论是以移动硬盘还是容量较小的U盘拷贝说课相关材料，都要经过一个核验和调试的过程。有的因文本转换存储位置，有些内容会发生格式变动或图文显示不一致等，有的甚至不能正常读取，这些都需要拷贝后核验，有问题及时核查与处理，否则，这些容易被忽视的问题就很有可能影响到整个说课效果。例如，在一次说课比赛现场，一位说课者由于事先未能检查拷到U盘里的课件存储情况，当开始走上讲台准备说课时，却发现U盘里的PPT文件无法打开，当时又没有其他备份，如果再回去重新拷贝为时已晚，如果不拷贝就很难说得自如从容，结果该说课者选择了后者，果然在说课的时候，几次出现遗忘，最后以说课失败而告终。

二、说课实施阶段的"精准表达"是成功说课的核心

在说课实施阶段，有诸多需要把握的关键环节。语言表述上，语音、语速、语意都不容忽视；肢体展示上，手势、目光、眼神、表情都十分关键；整体把握上，突发事件处理方式、说课节奏调节等都与说课效果直接关联。

1. 语言表述：自信与从容

说课时的语言表述直接影响着说课结果，说课者能否在说的时候自信与从容，一方面取决于对说课内容的熟悉程度，另一方面也与说课者自身的心理素质有关，甚至还与说课者的个性特征有关。同样是一句话，自信者和不自信者的表达效果会截然不同。不自信者大多会语气与语意不肯定，甚至会使用模棱两可的语言表达形式。如，一位说课者在说跪跳起课的设计时，说道："如果让学生跪到斜放的垫子上，可能会更有利于学生完成动作。"这样的语言表达形式显然是不确定的，一句"可能会"，很难让人们相信，采取这种斜坡跪跳起练习方式究竟能否完成教师所要求的练习。一个自信与从容的表达者，不仅会减少或避免不确定的表述，还很有可能在一定程度上发挥出更高的说课水平。

2. 肢体展示：得体与尊重

说课并非完全是通过语言在说，有时会有肢体上的配合。有的是通过手势，有的是通过眼神，有的是借助身体的展示。手势的表达有的是一种习惯，有的是说课某环节的需要。但无论做出什么样的手势，都要力争动作频次适中，不可过多，否则就会显得乱而不稳，减弱说课效果。用手指表达某一含义的时候，切不可指向他人，否则会给人一种不礼貌甚至不尊重的感觉。同样，眼神的呈现也要多加注意。说课的时候，目光既不可过分集中在某人或某物之上，也不可太过于游离不确定，如有的说课者的目光像扫视或寻求某一目标似的，边说边从左至右，又从右至左地转个不停，这样可能会让人有心慌或不安之感，说课的效果自然也就会随之被削弱。

3. 应对突发：机智与灵活

说课比赛中说课者有时可能会因为一个小小突发事件处理不当而失去成功的机会。突发事件尽管在说课活动中并不多见，但是，一旦出现也不可掉以轻心。突发事件有大有小，大的突发事件可能会让说课者措手不及，小的突发事件也同样可能产生难以挽回的损失。因此，处理突发事件是否机智，也在一定程度上决定着说课的成败。其中，大的突发事件，可能会导致说课一度中断，小的突发事件，可能会影响到说课者的情绪，从而精力分散出现一连串的负面连锁反应。如说课现场不够安静时，说课者可能心情不悦，进而导致注意力分散，对内容的记忆稳定性发生变化，甚至出现明显遗忘。短暂遗忘快速恢复记忆对说课效果影响甚微，假如遗忘时间跨度过长，有可能会导致说课比赛终止，从而造成严重的后果。机智地处理突发事件，除了说课前有预案，还要把握及时观察、准确判断、灵活调整三位一体的处理方式。

4. 节奏把握：明确与适中

要想获得说课的成功，也不可忽视对说课节奏的把握，前松后紧和前紧后松的表达都是说课节奏未能把握好的具体体现。很多人在说课的时候会忽略节奏问题，有的甚至从未考虑过还要把握说课的节奏，结果上述问题就难以完全规避。那么，该如何把握说课节奏，什么样的节奏是最适宜的呢？从时间来看，要呈现各项内容时间分配合理的说课；从内容来看，各部分内容要详略得当；从形式来看，要展示新颖；从效果看，要保证无追赶或拖延；等等。当然，说课的时候，有的会因为突发情况而打乱节奏，还有的会因为事先未重视节奏而在说课过程中忽快忽慢，等等。要想成功说课，这些不良现象都要尽可能地避免。

三、说课陈述结束的"精辟答疑"是成功说课的助力

很多说课活动都有说课结束以后由评委或听众向说课者提出问题，说课者进行答疑的环节。这一过程能否把握得好，也直接或间接影响着说课的效果。例如，如何听懂他人提问？如何对问题做出巧妙回应？如何应对疑难问题？等等。尤其是对这些问题能否做出精辟的回答更是重中之重。

1. 微笑示意：表达认同所提问题

说课答疑阶段，在聆听评委或听众提出问题的时候，说课者是否能够微笑示意，既表现出是否从容淡定，还表达出对所提问题是否认同。有的说课者，不仅微笑，还会同时点头示意，表达出认同所提问题。能够做出微笑示意者，都显示出了与他人友好沟通的能力。答疑顺利自然效果更好，但一旦未能顺利作答，也不要太在意，因为毕竟在交流中找到了自己的不足和今后的努力方向，即心态要放平摆正。但假如他人提问时，说课者面无表情，或表现出紧张无助之感，或不屑一顾的神情，无论问题回答得是否圆满顺利，都难以给评委们留下较好印象。例如，在一次说课比赛活动中，在某一评委提问的时候，说课者不但目光未能与提问者有任何交流，而且还振振有词地质疑评委提出的问题。固然他人提问所包含的观点或许与说课者观点不一，但采取不当的处理方式显然不利于说课的成功。

2. 简明扼要：体现答疑思路清晰

回答问题应简明扼要，逻辑思路清晰，尤其不要出现"所答非所问"现象，这就达到了答疑的基本要求。简明扼要，究竟简到何种程度为宜，一般而言，先呈现要点或观点至关重要，进而对所提出的观点用一定的支持材料

稍做解释，基本上就能给评委以思路清晰的印象。实际说课活动中，有的答疑时绕来绕去，有的语无伦次缺乏逻辑，还有的逻辑性虽有，但与问题的相关度不高，这同样会导致难以被认同，甚至会引来更大的答疑难题。

3. **难题无解：力争传递虚心态度**

说课者在专业范围内，或许能够对评委们提出的问题及时作答，但是，也不免会有未能解答的现象发生。在评委们提出问题以后，有的说课者哑口无言，有的支支吾吾不知在说些什么。当然，在众多遇到难题的答疑者中，会有一些人直接诚恳地表达："对这一问题还没有足够关注，接下来会认真学习。"面对难以回答的问题，不同的说课者因表现不同而效果不一。但是，当说课者面对难解问题的时候，如果能够传递给评委们一种虚心学习的态度，则基本上不会影响说课成绩。因此，在答疑阶段，一方面精辟作答十分关键，另一方面保持一种良好的答疑态度至关重要。如，在一次说课活动中，某说课者面对评委提出的专业性较强的问题，因过去未曾思考过该问题，结果无言以对，可是，说课者并没有体现进一步加强学习之态度，而是所答非所问地做了一番无用的解释，这就难以给评委们留下较好印象。

教师们对说课尽管不像常态课那样经常接触，但是，一旦参与说课，都会力求展示能力、体现水平，并追求卓越。能否做到精细准备、精准表达、精辟答疑十分关键，但每一个说课者也有自己独特的风格。在已取得的丰富经验基础上，探索如何更加成功与有效，是说课活动应永恒关注的课题。下面对说课成功的关键做一个简单的归纳。

成功说课有讲究，　精细准备放在首；
水平高低有区分，　精准表达要求深；
说课能力看关键，　精辟答疑有呈现；
充足准备是前提，　凝练表达不分离；
现场答疑看反应，　能力体现灵活性。

第七章 说课能力提升策略

体育教师顺利开展教育教学工作，应具有"备、上、看、评、说""五课"能力，即备课、上课、看课、评课、说课的能力。基于体育学科的特殊性，无论是备课、上课，还是看课、评课、说课，体育教师的这些能力强弱或水平高低，都直接与教育教学效果密切相关。其中，就说课而言，说课过程的把握和结果的呈现，在一定程度上受客观条件的制约，但更与说课者的说课能力息息相关。长期以来，在围绕说课相关问题的研究中，多数在探索说课是什么、说课在某一学科中的应用、说课设计等几类问题。相比较而言，说课能力相关问题，尤其是体育教师说课能力提升问题很少被研究者关注。本章探讨说课能力提升策略，首先分析了因说课能力不足而存在的若干不良现象，重点从设计和实施两个阶段对说课能力进行分类定位，并从三个方面提出了提升说课能力的具体策略。

一、说课能力不足产生的若干现象

通常情况下，因说课能力不足，在说课过程中会产生这样或那样的不良现象。诸如因设计能力不足而说课时间分配不合理、练习手段选择不当等；因语言表达能力不足而逻辑性不清晰、连贯性不强等；因调控能力不足而对突发情况措手不及等。

1. 教学设计能力不足产生的说课现象

说课之前的设计工作对说课效果的影响不容忽视，因事先准备不充分，设计不合理或不规范，说课的时候就会出现诸如时间把握不准、方法手段不灵、创新程度不够等若干不良现象。

就时间而言，说课有总时间的把握，也有各部分内容的时间分配。假如设计阶段未能对时间进行准确把握，就很有可能出现多种情况，要么提早结束，要么超时拖延。各部分内容时间分配不合理，在说课的时候就会有的部分时间分配得太少而表达不清楚，有的部分不该多说却分配时间过多而显得浪费时间，因此，说课时间规划准确至关重要。

就方法手段而言，无论说课过程中陈述的是什么教学方法或练习手段，也都是通过设计而来的，但假如设计的时候在方法手段上考虑得不到位，说课陈述的时候，很有可能呈现的是效果不明的方法手段。如一位老师在说小学的跪跳起课的时候，就设计了一项让学生在斜放的垫子上做跪跳起的练习，这显然缺乏可行性。

就创新而言，有的说课确实呈现出了一定的创新性，但也有的创新缺乏实际意义。是否有创新、有什么样的创新都与前期的说课设计息息相关，为说课或为评优课或观摩课设计创新都要充分考虑其实际价值，不能做不切实际的为创新而创新的不当设计。

2. 语言表达能力不足产生的说课现象

说课最为关键的是语言表达，因为说课不像上课那样，表达形式十分多元，上课的时候，有教师的讲解，也有教师的示范，还有学生的练习，等等。上课时，教师的语言表达虽然也不可忽视，但并非最主要的表达方式。而说课就大不一样，主要是通过陈述表明课是如何设计的，以及将如何上。假如说课者表达能力不足，有可能出现诸如音量过低、语速过快、语意不清等问题。

就语音而言，说课时对音量的把握不容忽视，无论是过高还是过低都会让人听起来感到不舒服，过低听着吃力，过高显得震耳，直接影响说课的实际效果。语速的快慢与说课效果也关系密切，有些人因平时说话语速过快，很有可能在说课的时候也表现出语速过快，语速过快不利于听者准确了解所说信息，相当于还没有听清前面说的是什么，来不及思考，就要快速听后面陈述的内容。因此，说课语速要能够适中。相反，过慢也不利于充分表达说课内容。说课者所表达的语意最为重要，假如说课者语意表达不清，直接影响说课效果，而且影响最大。有的是语言模棱两可，有的是多次重复表达同一内容，还有的是语意表达不完整，即说了是什么没有进一步说明为什么，如设计了某一手段，不说设计意图。主要解决什么问题，是强化重点、突破难点，还是为了纠正某一错误动作等，都要表达清楚。

3. 调控应变能力不足产生的说课现象

在说课的时候，我们或许会遇到突发情况，或令你不解，或出乎意料，或意料之中，无论是何种突发情况出现，都需要说课者能够及时调控，审时度势，巧妙应对。很多老师为说课做准备的时候更多的是考虑说什么、怎么说等问题，很少对有可能出现的突发情况做预测或有预案，结果调控应变能力自然也就难以有所提高，于是措手不及而中断说课，或面红耳赤尴尬遗忘，或无法处理而求助他人，或口误讲错后不知所云，等等。

从某种意义上说，要想实现成功说课，说课者对突发情况的调控与应变能力起着决定性作用。评价一个老师说课水平高低，离不开对说课现场的调控能力这一重要指标。说课调控包括突发情况出现之前的预感或预知，还包括突发情况出现之后的巧妙处理。有些说课者过于投入某一环节而把握全局的能力较弱时，可能就难以在突发情况出现之前有任何觉察。有些人由于准备阶段缺少对突发情况的预测和提出预案，突发情况一旦发生，对于这些说课者就是一个不小的挑战。除此之外，说课者如何做到以不变应万变呢？无论发生什么样的突发情况，说课者都应保持冷静，神情不紧张，心不慌，从容应对，但这种从容与冷静不是说做就能做到的，一定是基于一种前提，即已经积累了一定的经验，这种经验或直接或间接。也就是说，最好能有预案，对于说课中的突发情况出现如何解决早已胸有成竹，这样才能不慌不忙地将突发情况对说课效果的影响降到最低。因此，我们平日除了不断归纳总结自身的说课经验，还要多观察，多与人交流，多学习他人的说课经验，尤其是处理突发情况的经验。

二、说课能力的定位及其综合分类

提高说课能力，首先要对什么是说课能力，即说课能力的概念、特征、类型等相关理论有所把握。否则,不仅难以做到有效提升,而且还难以达到理想的说课效果。

1. 说课能力概念界定

提及"能力"二字,很多人并不会感到一无所知,因为我们每个人在工作、学习、生活中,都会或多或少地体现出其能力水平。但说课能力该从何谈起呢?我们还是先要回到"能力"二字上。众所周知,能力实际上是达成一项目标或者完成一项任务所体现出来的素质。那么素质又是什么?素质有多种解释,其中一种比较常见的解释,是指人与生俱来的以及通过后天培养、塑造、锻炼而获得的身体上和人格上的性质特点。这种解释将有助于我们对说课能力的理解。这种解释说明说课能力一部分可以理解为先天具有的或父母遗传而来的,另一部分是通过后天的培养所达到的。说到底,说课能力可以综合概括为说课者与生俱来的和后天通过学习、锻炼而获得的顺利完成说课任务的性质特点。能力是一种本领,是一种力量,任何活动要想成功都需要参与者的能力。不同的说课者说课能力有区分,而且能力与成功率呈正相关。那么,说课能力都表现出哪些特征呢?

2. 说课能力基本特征

判断一个说课者是否具有一定的能力,一方面与说课所呈现的结果有关,另一方面与说课者对说课过程的把握关系密切。那么,说课能力的基本特征集中在哪些方面呢?换句话说,具有说课能力者可能有哪些具体表现呢?其中,"语言表达自如流畅"是最基本的特征之一,这也是确保成功说课的关键所在。"内容安排逻辑清晰"也是不可或缺的特征,说课说的是什么,除了流畅的表达,不容忽视的是所说内容逻辑结构清晰,易于听众理解把握。"时间分配精准到位"是有效呈现说课内容的又一能力特征,每一部分所要说的内容都需要有最合理的时间分配,能否做到是说课能力强弱的体现。"事件处理灵活得当"是说课能力的又一重要体现,遇到突发情况时,假如不能及时巧妙地处理,何谈有较强的说课能力?总之,从语言表达、内容安排、时间分配和事件处理四个方面,既可以判断说课能力之强弱,也可以衡量说课成功率之高低。

3. 说课能力综合分类

既然说课能力有强有弱，说课效果有好有差，就很有必要对说课能力进行综合归类，便于说课者找准定位，更便于说课者确定努力方向，不断提升说课水平。那么，如果将说课能力进行分类，可以划分为哪些类别呢？我们可以尝试如下分类方式。比如可以用学、能、会、精四个递进的层次来区分说课者能力，即学说型、能说型、会说型、精说型四种能力类型。其中，"学说型"是说课能力最弱的一种能力类型，对于那些担心完成不了，因若干问题未能顺利完成说课的，对应的说课能力自然是最不理想的类型，这样的说课者是需要向有经验的说课者多学习的。一般情况下，"学说型"所占比例不会太高，因为大多数说课者都会在说课之前认真做好准备，多数已经排除了说课中的诸多困惑。"能说型"，即能够完成说课任务，也就是说，说课内容是完整的，时间安排是合理的，但缺乏技巧，说课效果仅仅定位在完成上。说课者中有一部分会处于这一能力阶段。"会说型"，意味着有技巧，"会"的含义集中体现在"巧"字上，不仅可以理解为说课内容各要素衔接之巧，还包含特殊情况发生时处理方法之巧，更包含说课中的语速、语音、语意表达之巧等。"会说型"的说课者完成了说课以后，会有一种成功体验，同时，说课效果自然也会比较理想。"精说型"，除了巧妙之外，我们能够感受到这一能力类型的说课者会在说课中体验到一种享受，享受说课的过程，同时，又能给他人带来愉悦的体验，说课声音不仅洪亮、清晰，而且悦耳动听，而且说课中会与听众有眼神的交流，是面带微笑或心情愉悦地表达了说课的每一部分内容。给人的总体感觉是自如、愉悦、享受、精准。态度上是积极的、认真的；情感上是快乐的、享受的；程序上是流畅的、合理的；结果上是理想的、成功的。能够达到这种效果的说课者，不仅经验丰富，而且善说乐说，是说课能力最强者，更重要的是能够给听者带来一些新的启发。

三、提升体育说课能力的有效策略

体育学科说课和其他学科相比，一个明显的区别是体育学科主要"说实践"（以身体活动为主的实践），而其他学科多数是在"说理论"（以看听读写为主的理论）。从课的类型来理解，体育学科说课主要是说实践课，其他学科多数是说理论课。那么，要提高体育学科的说课能力需要从哪些方面着手呢？

1. 设计能力提升策略

说课设计是准备阶段要做的工作，准备得越充分，说课成功率就会越高。当然，说课成功与否与设计能力关联性更大。那么，该如何提升说课设计能力呢？把握好以下几个关键或许能够发挥一定的作用。第一，坚信"态度决定一切"。一场说课比赛或展示，是以一种什么样的态度去面对，直接决定着说课效果。假如每次都能以认真、积极、学习的态度在说课前做充分准备，那么每次说课设计能力都能有一定程度的提升。第二，把握"思考的力量"。常言说，想清楚了就能写清楚，说课设计不可忽视动脑思考的过程，尤其是在规定的时间内要说什么、如何说，甚至如何成功地说，都是在设计环节需要认真思考的。第三，做到"吃透教材"。说课尽管在形式上与上课不同，但如果对说课所要呈现的最核心内容即"教什么"把握不到位，接下来的组织教法、手段等都将出现不同程度的偏离。所谓"吃透"就是要通过研读或研磨精准理解教材特点、作用、条件等一系列问题。第四，注重"查漏补缺"。当一次说课设计结束以后，不要自认为已经全部完成，查漏补缺的过程往往能够间接提升设计能力。可以对照说课要求检查还缺什么，是不是完全符合要求，可以反复推敲说课文稿的内容，看看哪里还不妥当（如要素之间的连贯性，字词句表达的准确性等），还可以先说给身边的人听一听，让他人提些中肯的建议，从而进一步完善。除此之外，还可以在每场说课活动结束以后，通过反思查找设计之不足，从而有效地改进提高。

2. 表达能力提升策略

说课主要是通过各种表达方式呈现的，尤其是通过语言表达来呈现的。那么表达能力自然也就成了说课能否取得较好成绩的关键。如何提升说课者的表达能力？以下几个方面的建议对说课者或许能够有所帮助。第一，正确理解表达的含义。说课的表达方式不止一种，但语言是必不可少的也是最重要的，同样一场说课活动，语言表达能力强弱直接决定着说课的效果优劣，所以，语言表达能力的提升往往会排在首位。肢体语言是辅助口头语言或配合口头语言发挥一定作用的表达方式，说课过程中有无肢体语言，其效果有所不同。有时，适宜的肢体表达会使说课显得生动；相反，整个说课过程都没有任何肢体语言，可能会显得呆板。但也并非完全如此，如果有使用不当的或过多的肢体语言，则可能会适得其反。其他如PPT上的图标、视频、文字等也是说课的辅助表达方式之一，用得好会提高实效性，反之也会带来一定的负面效应。第二，学练结合，演示提升。任何一种能力的提升都离不开学与练的过程，尤其是学练到了一定程度以后，反复做完整演示至关重要。表达能力提升要学什么？学习语言表达的技巧。例如，该如何将各要素有机关联起来表达，做到融会贯通，而不是机械地一个要素一个要素地呈现。学习课件的制作技巧，并反复练习如何将精美的图片、视频巧妙地穿插于说课课件之中，并充分发挥其辅助作用。正式说课前的演示，既能检验说课准备的充分与否，还是提高表达能力的重要方式，尤其做相对比较正式的、完整的演示，能够增加自信并进一步熟悉说课内容，从而更好地把握说课技巧，提高说课的成功率。

3. 应变能力提升策略

说课的应变能力同样对说课的效果有着一定的影响，但并非所有人都能够在说课中面对突发情况从容应对，应变能力不同，对突发情况做出的反应就不同。如何提高应变能力从而提高说课的成功率呢？以下几点建议或许对说课者有一定程度的帮助或启发。第一，预设与尝试。在说课准备阶段，预设突发情况，尝试性地去解决它，而且尽可能采取多种方式模拟解决突发情况。这种锻炼可以使说课者在真实的突发情况发生时更从容和自信，减少或尽可能地避免临场手忙脚乱的情况。第二，查找与完善。从物资准备到心理准备，从时间分配到内容熟悉，从重温要求到关键细节，在说课前都需要认真查找一下是否有不完善的地方，或哪里与通知要求不相吻合，或说课文稿哪些内容还不够熟悉，或心理上是否消除紧张情绪，等等。查清以后就要采取有针对性的措施加以弥补，力求说课时已做好充分准备，减少因准备不足而导致突发情况发生的可能性。第三，反思与比对。每一次说课活动结束后都要认真、深入地反思，尤其是对有突发情况发生的说课，更要多反思并多与他人说课中对突发情况的处理方式做对比，看差距在哪里，取长补短有助于不断提高应变能力。

说课能力有强有弱，其能力提升也可以从多个角度把握，但影响说课效果的最主要的能力，包括设计能力、表达能力、应变能力等是需要我们重点关注和进一步强化的。了解说课能力的内涵、特征与分类方式，有利于有针对性地提升不同方面、不同阶段的说课能力，而对有效策略的把握更是快速提升说课能力的关键。希望本章内容能够给广大说课者提高说课能力带来一定的借鉴意义，也希望能够给说课能力研究者的选题与思路带来一定的启发。下面对说课能力提升策略做一个简单的归纳。

能力不足表现多，　设计表达分开说；
设计水平是关键，　表达能力要呈现；
说课能力有多种，　从学到精各不同；
学能类型不算高，　会精能力是目标；
提高能力策略有，　经验技巧学到手。

第八章　说课比赛评优方法

说课比赛需要建立评价标准体系，否则，就难以判断其优、良、中、差等级。目前，从全国范围来看，全国统一性的说课比赛标准并未建立，但地方组织说课比赛时，多数建立有地方评优指标体系。然而，笔者通过研究发现，很多说课比赛评优标准有待进一步完善。如有些指标设置过多过细，操作性不强，有的指标体系建立不够准确，难以真正反映出说课水平，更难以对说课者未来提高说课能力发挥指导和引领作用。据此，说课比赛评优方法的研究有待进一步加强。本章从分析说课比赛评优若干现象谈起，重点建构了说课比赛评优标准体系，以及提出实施过程中应把握的关键。

一、说课比赛评优若干常见现象

在众多说课活动中，多数以评优的方式组织。尽管每次也都评出各类等级，以区分说课者能力水平之差异，但是，这其中存在的若干不良现象值得做进一步研究。

1. 说课比赛缺少标准

说课比赛需要评优标准，但有些比赛未能事先研制出相应的评定标准，而是让评委们结合自己的经验判断。有时，只是组织者向评委们口头提出了几点评判过程中的注意事项。这样的说课比赛一方面缺乏方向引领性，另一方面容易造成评比结果出现分歧。因为毕竟评委们的经验积累与认识程度，尤其是评的视角或把握的关键点有可能存在差异，从而致使评比结果出现偏差。假如没有标准作为主要依据，有的评委可能将侧重点放在了教师说的能力上；有的侧重于课的设计，是否能实施有效教学；还有的综合判断现场说的水平、说课文稿的规范性、PPT制作的精美程度等评出等级。总之，缺少标准很难评。

2. 说课比赛标准不准

在一些说课比赛活动中，有的组织者会事先准备标准，但笔者仔细研究部分标准后发现，有的标准制定得不够精准，一部分分值分配到了课的设计文本上，如有的说课比赛标准中，教学目标占5分，重难点占5分，教材和学情分析占10分。这样分配权重也不为过，但是，对于说课比赛而言，其重点还远非这些，应将多数分值集中在现场说课能力与课的设计实效性上。假如说课比赛设置的标准不够准确，或重点不突出，或抓不住关键点，就难以真正评断说课者的说课水平。

3. 说课比赛标准不一

不仅说课比赛需要标准作为评分依据，而且标准的相对统一性也需要加以重视。所谓标准不统一，一方面是同一场说课比赛中评委之间用了不同的标准来评判，另一方面是不同说课比赛的标准不统一。后者有的体现在学校间，有的是区域间，如同一省份的不同区县所采用的说课标准不一，或不同省份说课标准不同。无论是哪个层面的不一致，都说明建立相对统一的说课标准未能引起大家的广泛关注。目前，全国范围内尚未研究发布相对统一的标准，地方或学校只能各自为战研制自己的标准。但无论如何，缺乏统一标准，说课水平就难以做区域间的横向比较。

4. 说课比赛不用标准

所谓不用标准主要是指说课比赛中有标准，但有些评委在评分的时候未能参考标准，基本上是结合自己的经验去判断。这种情况其结果与无标准没有太大区别。在有标准的前提下，多数评委会严格按照标准逐条打分，而有的评委并非如此。不按照评分标准中的各指标要素进行评判，评分结果就可能产生分歧，甚至不合理性随时都可能存在。因此，只要是事先制定了标准的说课比赛，无论标准内容确定了哪些，评分的时候均需要参考组织者事先提供的标准。而且，评委们还需要事先熟悉这些标准，在评分的时候心中有数。

5. 说课比赛组织不严

严格组织说课比赛，对顺利完成一次说课活动十分关键。有的组织者比较重视严格的组织工作，而有的却有所疏忽。通常情况下，好的评定结果主要体现在比赛是否公平、公正，是否严谨、规范，是否科学、合理，等等。有些说课比赛是准备工作做得不到位，如说课开始后发现麦克风电池较弱，声音效果不佳，导致先说课的参赛选手由于麦克风影响，其成绩或多或少地会受到一定的影响。有些是评委人为主观因素，如有的评委对自己熟悉的参赛选手在打分上适当倾斜，这样做对其他参赛选手不公平。有些是时间把控不严，如规定10分钟的说课，有的选手在比赛中略有超时，就立即被叫停，而有的选手尽管已经超时，但依然在说。这样的比赛因不能一视同仁、组织不合理，会产生一定的矛盾，参赛者甚至会对组织工作产生强烈的不满。

6. 说课比赛目的单一

任何一项比赛其最终目的都不要过于单一，还应能够看到和正确把握比赛所能带来的更有价值的东西。对于说课比赛而言，比出成绩或能力等级固然重要，但如果仅仅将其作为唯一目的，就会显得过于单一。毕竟说课比赛还有更有价值的功能值得挖掘，如果不考虑说课比赛的拓展价值，就很容易为比赛而比赛，参赛者会过分看重比赛结果。有的在比赛中或比赛结束后未能体现出"胜不骄败不馁"，不利于说课者的发展和更高水平的提升。假如除了说课比赛本身的评优目的，我们还能够充分挖掘其能力诊断和方向引领作用，那么，几乎所有的说课参赛选手就能够通过一次比赛对自己的说课能力进行准确定位，找到自己的短板，从而更好地查漏补缺，提升水平。除此之外，假如说课比赛标准比较科学、客观，能够发挥其引领作用，参赛者就会明确好的说课应具备哪些要素，以后更加关注这些方面。

二、说课比赛评优标准体系建构

关于说课比赛评优标准体系，依据比赛类型而不同。说课比赛评优标准，不仅与体育课评比标准差异明显，而且与模拟课比赛标准相比也各有侧重。

那么，说课比赛应该从哪些方面建构评优标准指标体系呢？

1. 说课比赛评优标准体系建构的主要依据

说课比赛评优标准，体现其合理、科学、可操作的前提就是要有明确的确立依据，也就是说依据什么确立标准，尤其是依据什么确立各指标要素。概括起来，主要有以下几个方面的依据：其一，说课能力分布体现观测点。说课能力从哪些方面体现，对确定说课评价标准至关重要。当我们进一步分析"说课"这一专业术语或专有名词的时候，不难发现，说课包括"说"与"课"两个关键词。所谓"说"就是语言表达，而"课"则与平常意义上的"体育课"意义相当，但这里的"课"不是常规下组织教学活动去"上"，而是要通过语言表达"课"是如何设计的，将如何上。因此，确立评价指标的时候一方面要考虑说的能力，另一方面还要考虑课的设计情况即设计能力。其二，地方设置的说课标准指标体系的共同点。多数地方说课评分标准都包含说的内容，如教学目标、重难点、教法学法、教学流程等，说的能力，如语言表达能力、技巧等，教学设计水平，如教学目标表述情况、教学手段选择情况、教学时间分配情况等。因此，依据地方标准中的相同和相近指标，更能体现结合实际。其三，专家建设性的意见。笔者通过现场访谈、电话访谈等多种方式和途径对我国部分学校体育理论与实践专家学者进行访谈，他们的意见尽管不完全一致，各自有独到的见解，但都认同笔者提出的从"说"和"课"两个大的维度建立说课评优标准。

2. 说课比赛评优指标的取舍与分布

关于说课比赛评优指标的取舍，当我们从"说"与"课"两个大的维度建立一级指标的时候，其二级指标，即具体评价内容就比较容易确立。指标取舍的原则如下：一是"准为先"，指标是否精准是衡量一个评价标准优劣的首要因素。假如说课评优标准中的指标确立有所偏离，就难以评出说课者的真实水平，更难以清晰地分出其等级。二是"全有度"，指标全面但不是越多越好，而是全面有度，即有边界。有的指标尽管与说课也有关系，可能并非直接关系，如学校场地器材条件，在说课的时候，场地器材条件好坏不能作为评价说课能力的指标内容。三是"行关键",即指标的可操作性或可行性是非常关键的取舍原则。如果指标选择准确,全面有度,但是不具有可操作性,评优标准就失去了应用的价值。

基于以上分析确立说课评优标准,一级指标包括"说"和"课"两个方面,二级指标共有八个,也是综合呈现的特点来评。其中,第一个方面,对说课者"说"的能力的评判,集中在:一是"表达的准确性",即是否能够说得清晰到位。二是"内容的完整性",即该说的是否都有所表达。三是"处理的灵活性",即遇到突发情况能否机智处理,如遗忘时的语言调节。四是"分配的合理性",即说课内容的时间分配是否合理,整个说课内容是否做到了详略得当。第二个方面,对说课者"课"的设计能力的评判,集中在:一是"设计的规范性",即说课者对课的设计是否规范,是否符合说课评比要求。二是"手段的目的性",即选择的教学手段是否有明确的设计意图,要解决什么问题是否清晰可见。三是"要素的对应性",即说课设计中的各个要素,如指导思想、教材分析、学情分析、安全防范等是否精准地表达出了应说的内容。如教材分析是否有真正的分析,某些比赛中有些说课者只介绍教材本身,而未做任何与教学和学生等的关联性分析。四是"方法的创新性",即说课的设计组织与方法是否有创新的成分,有多大的创新性,创新放在了课的什么位置等,这都与说课成败有直接的关系。

3. 说课比赛评优指标权重分配与评分方法

基于对以上说课八个评优指标的内涵分析,也为了使说课比赛量化评优更易操作,下面就说课评优标准中的指标权重及评分应把握的关键点进行分析。如表 2-8-1 所示。

表 2-8-1 体育说课比赛评优指标权重分配及评分方法(10 分值)

一级指标	二级指标	权重	评分点	评分标准
说	表达的准确性	1.5	语言表达是否准确	准确/一般/不准确(1.5/1/0.5)
	内容的完整性	1.5	语言内容是否完整	完整/一般/不完整(1.5/1/0.5)

续表

一级指标	二级指标	权重	评分点	评分标准
说	处理的灵活性	1	语言处理是否灵活	灵活/一般/不灵活（1/0.7/0.3）
	分配的合理性	1	语言分配是否合理	合理/一般/不合理（1/0.7/0.3）
课	设计的规范性	1	课的设计是否规范	规范/一般/不规范（1/0.7/0.3）
	手段的目的性	1.5	手段目的是否清晰	清晰/一般/不清晰（1.5/1/0.5）
	要素的对应性	1.5	指标要素是否对应	对应/一般/不对应（1.5/1/0.5）
	方法的创新性	1	组织方法是否创新	创新/一般/不创新（1/0.7/0.3）

从表2-8-1不难看出，从"说"与"课"两个维度进一步细化了评优方法，确定了指标权重，制定了评分标准。从权重分布情况来看，按照10分分配，所确定的各指标所占分值总体上包括1和1.5两类，相对重要的所占分值高，反之则低。评分点用于判断各要素达到何种程度，如对说课表达的准确性进行判断，根据所能达到的程度，可以从"准确/一般/不准确"三个层次中确定其一，并对应选择其得分。如说课语言表达不太准确，其得分就是对应的0.5分，假如语言表达被判断为"准确"，该项得分可以确定为该指标的最高分1.5分。同样，其他指标的判断也可如此操作。评分标准主要都是以三分法对达成情况进行区分，如"设计的规范性"这一指标，评分标准划分为"规范/一般/不规范"，由于该指标的权重为"1"，各层次对应的分值就为1、0.7、0.3。

除此之外，值得进一步说明的是，表2-8-1中的"课"这一维度，多数情况下也是说课者在说课过程中通过多种表达方式呈现出课的设计情况。也就是说，其中一些指标，如"手段的目的性""方法的创新性"等也是通过说课者的语言或所制作的课件中呈现的内容进行判断的，而不是根据说课纸质文稿进行判断。所以，说课评分还是主要集中在说的能力和说的内容上。个别指标可以通过翻阅说课者提交的说课文本加以判断，如"设计的规范性"通过文稿或许能够一目了然。

三、说课比赛评优应把握的关键

在说课比赛中,无论是组织者还是参与者,都有关键可以把握。组织者把握关键能够使说课比赛活动顺利开展,并使说课比赛活动发挥出示范引领作用。参与者把握关键能够在比赛中取胜,能力得到不断提升。因此,探讨说课比赛评优应把握的关键十分必要。

1. 说课比赛评优组织者应把握的关键

作为说课比赛的组织者,要想顺利完成比赛评优活动,并客观、公平、合理地评出等级,有几个关键点要认真把握好。其一,把握好评委的遴选与培训。这项工作是重中之重,因为该项工作决定着组织工作完成的质量优劣。同样是一场说课比赛,评委工作做得好与差,比赛过程和结果将区分明显。因此,说课比赛前所遴选的评委不仅要对说课这一形式比较熟悉,积累有一定的理论或实践经验,更重要的是,要对所采用的评优方法和评分标准十分熟悉,并能认真把握评分点。否则,则可能出现这样的情况:说课者尽管做了精心准备满怀期待,但是由于评委问题,结果却大失所望。其二,把握好说课比赛评分标准的研制或选定。有些地方或单位,组织说课活动已经有了长期的经验积累,研制过评分标准,并能够不断完善。有的没有自主研制,而是多次采用他人标准。因此,无论是组织者研制还是选定他人标准,都要把握前文谈到的"准为先""全有度"和"行关键"三个方面。假如标准不能做到这三个方面,评判结果就很难体现客观性、有效性等。其三,把握好说课比赛后的延续效应。不少说课比赛组织完后,比赛结果一公布,好像全部活动就宣告结束。其实不然,说课比赛要比出名次,分出能力之不同,关键要进行后续的研讨,并为组织工作和说课者能力提升提出有建设性的指导意见。这或许是过去很多说课组织者容易忽略的。

2. 说课比赛评优参赛者应把握的关键

参与说课比赛,很多人都能够精心准备,认真对待。要想获得较好的成绩,说课者还应把握哪些关键呢?其一,把握说课比赛各项要求中的关键点,如时间规定最好不要违背。可能说课要求中会提出"最后一分钟的时候会有提示",说课者切不可无视"提示"二字,但也要从容收尾。如果所设计的说课内容刚好在规定时间说完,无论是否有提示都不会超出规定时间,自然能够顺利完成说课比赛。假如组织者提示后,一分钟之内难以说完,最好考虑抓重点说,也要将其在规定说课时间内完成。因为有的组织者较严格,到点会叫停,无论说课者是否已经说完,都会终止比赛。其二,研磨细读评优标准,包括从哪些维度评,有哪些评价指标、权重分配、评分要点、评分具体标准与方法等都要精准把握,说课准备最好能够对照标准一一检查,哪些方面还没有做到,及时查漏补缺,并将其进行完善,否则就难以获胜。因为多数说课比赛都是按照事先确定的标准评优的,评委们打分的时候,多数会逐一对照。因此,参赛者不仅要对评优标准了如指掌,更要参照标准做精心准备。其三,反思定位完善提高。一次说课比赛无论输赢都不是终结,也不代表永久的水平,还需要说课者在比赛结束以后进行深入反思。假如是获胜者,要总结归纳其经验,但也并非没有问题。假如是失败者,更要反思查找问题,吸取教训。尽管"胜败乃兵家常事",但却不能"屡战屡败",要用"失败乃成功之母"激励自己,不断反思定位,再逐步努力改进。这样,不仅能够感受学习过程和比赛成功的喜悦,更能使自己的专业能力得以不断提升。

虽然本章建立了评优标准与确定了评优方法操作方略,但这依然是研究的阶段性成果,标准的进一步完善还需要说课组织者以及参赛者共同参与。愿说课评优标准与方法能够给大家带来一点启发。下面对说课比赛评优方法做一个简单的归纳。

说课评优现象多, 评优标准最先说;
标准缺乏较常见, 不准不全也呈现;
说课比赛重两点, 评说评课是关键;
说的能力包括全, 重点判断靠语言;
课的能力看设计, 精准合理是凭据。

第三部分

体育教师说课——案例分析

说课活动的开展，给体育教师提升说课能力提供了机会，教师们也积累了诸多经验，当然，也或多或少地存在着一些需要改进的地方。说课能力可以从语言表达能力和设计能力两方面综合评价。本部分从说课视频与说课文本两个方面分析了田径类、体操类、球类等基本教材的说课案例。这些案例说课时间有长有短，呈现形式有分要素逐一说，有各要素整合说，有PPT辅助说，有无PPT独立说，等等。笔者希望通过对这些案例的分析，能够给广大读者带来一些启发与借鉴。

第一章 说课视频分析

诸多省份或区县都开展过说课比赛，但要求并非完全一样，从时间来看，长短要求不一，5、10、15分钟较为多见。无论时间要求多长，几乎所有的比赛都要求是一个完整的说课。当然，不同的说课者有不同的说课风格，下面结合具体的说课案例展开分析。

一、"跪跳起"说课视频分析

【案例来源】北京市第二实验小学
【说课教师】付同顺
【说课年级】小学三年级
【说课内容】跪跳起

扫码看"跪跳起"说课视频

（一）"跪跳起"说课视频描述

老师们，下午好！我是来自北京市第二实验小学的体育教师，我叫付同顺。首先，感谢樊老师能给我这次跟大家交流学习的机会，也同时感谢西城区教研室的各位教研员给我的帮助和指导。那么，我今天说课的内容是跪跳起。

关注学生需求，拓展学习空间，促进全面发展，是我这次教学设计的主题。大家都知道，"双主体"育人一直以来是我们学校的办学思路，而生本、对话、求真、累加，又是课堂文化的核心内容。本课教师通过引趣、引学、引体、引思等教学步骤，促使学生主动参与，积极讨论，勇于实践，不断创新，促使每位学生身心得到全面发展，是我本节课追求的目标。

跪跳起，它是人教版小学三、四年级技巧内容，是一项负荷较大的运动，对发展孩子的腰腹肌力量，以及身体协调性、灵敏性和平衡能力都有显著的作用。以前，孩子们学习了前滚翻、后滚翻、仰卧推起成桥，相对来说，动作简单，运动负荷也比较小，而这次学习的跪跳起的内容，则是为今后学习跳上成跪撑——向前跳下，以及前滚翻、后滚翻接跪跳起的一些组合动作打基础的。我们首先来看它的动作结构，它是由摆臂、压垫、提腰、收腿四个环节组成的，它的重点是摆臂制动要提腰，压垫提膝收腿快。难点是摆臂制动与压垫的配合。为此，我设计了4次课的单元计划。本次课是第一次课，主要目标是解决"摆、压、提"的基本动作的问题。本节课的重点，是摆臂、压垫、提腰，动作难点，则是动作协调连贯。

孩子是课堂学习的主体，因此，我们要了解他们喜欢什么、需要什么。游戏和竞赛，一定是这个年龄段的孩子最喜欢的活动形式，因此，活动游戏是本节课的主要特点。尊重和理解是孩子们的需要，当孩子们遇到困难时需要帮助，失败受挫时需要鼓励，遇到困惑时需要引导，取得成功时需要分享，因此，尊重差异、满足需求、拓展学习空间，又是本课重要的指导思想。因此通过以上的分析确定了本课的教学目标。首先，就是让学生初步理解跪跳起的动作要领，明白脚面、小腿压垫、摆臂与制动以及提腰的动作方法。其次，就是通过练习，使学生较好地掌握摆臂制动与压垫动作，发展孩子的腰腹肌力量，以及身体的灵活性和协调性。最后，是培养学生勇敢果断、克服困难的意志品质以及团结协作的集体主义精神。

好了，老师们，下面就和我一起走进课堂。

在开始部分，进行完一般的常规（活动）之外，教师在音乐的伴奏下，进行队列练习，突出了五个变化。第一，就是齐步走和踏步走的变化；第二，是队列队形的变化；第三，是手臂动作的变化；第四，是练习方向的变化；第五，是领做角色的变化。那么，老师看到的是由四列横队变成二列横队。这是手臂动作的变化，老师们可以看到，有叉腰、击掌、头后屈、肩侧屈、斜上举等。这是练习方向的变化，以前是从前做，现在是从中间，也可以从周围做，可以变换不同的方向，那么在变化过程中，教师可以随机指定学生，也可以进行领做，这就是刚才我说的领做角色的变化。那么，这些多种的变化，主要的目的就是吸引学生的注意力，培养学生的观察力、模仿力以及应变的能力。

在准备部分，我安排了一个小垫操。那么，教师在音乐的伴奏下，我们可以看到是将跪跳起的动作元素编入其中，有跪地的行走啊，有摆臂呀，支撑啊，收腿，等等。目的呢，主要是活动与"跪跳起"相关的身体关节，达到热身和保护的作用。在引导性练习中，我安排了三个小游戏，分别是毛毛虫、跳跳虫和爬爬虫。老师们可以看一看，这是爬爬虫，孩子们支撑向前移动，同时还设置了不同的情景，看谁先找到三个朋友。看，这是跳跳虫，通过跳的方法，看谁先找到和自己同月出生的朋友。这是毛毛虫，看谁的配合最默契。可以看到，孩子们在这些游戏过程中，相互交流，相互沟通。进一步活动了跪跳起相关关节，渗透了一些简单的动作概念，为后面的主教材教学做好了引导和铺垫。

基本部分，首先就是教师的讲解示范，目的是让孩子们建立正确的动作概念。那么，在动作之前，教师要引导孩子们注意观察，跪跳起都是由哪些动作组成的。通过观看正面和侧面的示范，学生和老师共同总结出：跪立，臂前屈，后坐，臂后摆，压垫，身跃起，收腿，成蹲立的动作口诀，目的是培养学生的观察能力、分析能力以及表达能力。游戏高人、矮人、巨人，把孩子们带入了游戏中，老师们可以看到，跪地臂上举，就是高人，坐姿臂后摆就是矮人，高高跃起就是巨人。在老师不同口令的变化下，孩子们在游戏中，在欢笑声中，练习了摆臂，练习了提腰，练习了压垫，原来比较枯燥的摆臂压垫练习一下子有趣起来，初步地体会着压垫部位和发力顺序，满足了孩子们喜玩好动的心理需求。在练习中，我们经常会发现，孩子们摆臂抬体动作不协调，还会发现，孩子们摆臂和压垫配合不好，还有就是，提腰、提膝不够。根据这三个问题，我设计了两个游戏，分别是撤垫子游戏和加垫子游戏。老师们可以看到，这个游戏要两个人合作才能完成，一名同学要掌握好撤垫子和加垫子的时机，另一名同学则要利用摆、压、提的动作，使身体高高跃起，这样才能使垫子从腿下顺利地撤出或加入。我们看一下视频。好，这就是撤垫子；这就是加垫子。孩子们在这个游戏过程中，讨论办法，商量对策，进一步体会摆、压、提的动作。然后，巧妙地避免了练习中的易犯错误。我们在教学过程中，经常会发现，有的孩子利用脚尖支撑起立，这就是我们所说的勾脚尖；还有的同学跳起来不能成蹲立，坐那了或趴那了。我们分析其原因，有三点：第一，就是心理恐惧、身体紧张造成的，勾脚尖是因为害怕向前摔倒；第二，就是没有理解脚背和小腿压垫，知识模糊造成勾脚尖；第三，就是腰腹肌力量、腿部力量不够，能力达不到造成的动作变形，勾脚尖。所以说，不管是知识、能力还是理解不够，作为教师，我们都要考虑进去。教师首先在垫子上设置了明显的标志，红色的标志，老师们可以看到；其次，让孩子们的膝关节压在红线上，使他的小腿和脚面尽量在垫子里面。这样就对勾脚尖起到了一定的限制作用。两个人的保护与帮助，消除了孩子的紧张心理。从不同高度往下跳，满足了孩子们不同的生理、心理需求，尊重了他们的个体差异，促进了学生的全面发展。那么，当大部分孩子们能够在一层垫子上独立完成的时候，由于看不到自己完成的动作，找不到问题所在。这个时候，我就利用了学生熟悉的iPad进行摄像，老师们可以看，孩子们四个人一组，一名同学进行摄像，其他三名同学进行练习。学生们通过观看录像的回放，可以看到自己做的完整动作，同时找到了问题所在，学习了其他同学的优点，改正了自己的不足，使自己的动作逐渐趋于规范和标准，这样就解决了本课的难点。那么，孩子们通过小组的讨论，最后选出优秀的同学进行展示，睁大眼睛找别人的优点。通过观看展示，以及集体的练习，最后我们总结出摆臂、压垫，要提腰，动作连贯，要协调的知识点。

游戏快乐冰车，又把孩子们带入了冰雪世界，孩子们把垫子当作冰车，有的单人自己滑，有的两人拉着滑，还有的三人组合滑。我们看一看视频。这是单人自己滑，用手臂支撑向前滑动。这是两人拉着滑，我们在冰场上经常会看到这样的情景。这是三人组合滑，我们看到孩子们非常高兴，他们体会着运动、游戏活动给他们带来的幸福和快乐。

那么，接下来呢，就是用幸福拍手歌做一个放松，老师和孩子们一起唱歌，一起放松。好了老师们，不管您的是金掌、银掌，还是仙人掌，和我挥挥手好不好，如果感到幸福你就挥挥手，如果感到幸福你就挥挥手，如果感到幸福你就挥挥手，我们大家就一起挥挥手。如果感到幸福你就拍拍手，如果感到幸福你就拍拍手，如果感到幸福你就拍拍手，我们大家就一起拍拍手。谢谢！

在歌声中、在笑声中、在掌声中结束了这节体育课，我们看到孩子们灿烂的笑容，他们确实体会着体育给他们带来的幸福和快乐。

那么，这是我的运动负荷的预计，所用的器材。本课的特点，第一，就是游戏贯穿在教学的每个环节；第二，就是巧用垫子，一物多用；第三，就是信息技术在体育课当中的运用。感谢倾听，感谢感谢！

（二）"跪跳起"说课视频分析

"跪跳起"说课案例，总体上来看，比较自然、流畅，给人以耳目一新的感觉。主教材内容说得也比较清晰、具体。下面按各部分呈现的情况进行分析。

开场的内容包含了问好、自我简单介绍、致谢、提出说课的主题四部分。从结构上看，多数说课者习惯于用"问好、简介和点题"三部分组成开场。当然，不同场合或不同活动中的说课，"致谢"的语言也可适当加入，但对于一般的说课而言，并不强调非有不可。

进入主题以后，首先从本校的办学思路开始切入，比较新颖，且显得较为灵活，同时又巧妙地介绍了学校课堂文化的核心内容。课的设计思路也比较清晰，利用"引趣、引学、引体、引思"的教学步骤，以教师为主导，引导学生"主动参与，积极讨论，勇于实践，不断创新"，从而使每一个学生身心得到全面的发展。这是在巧妙阐述"指导思想"，也是该节课追求的目标。

教材的分析部分，是从前面的介绍比较自然地过渡的，没有说"下面是教材分析"等一类的语言，但让人们一下子就能听到该部分是进入了教材分析环节。分析教材也比较深入全面，与此同时，直接切入了学情分析的内容，介绍了学生以前学过的内容，点明以前所学的前滚翻、后滚翻、仰卧推起成桥等动作比较简单，引出了这节课所学内容跪跳起是体操技巧中相对比较复杂的内容之一。接着，通过PPT图示的方式，比较直观地展示了几项技术的完整动作。更有借鉴意义的是，说课者说明了该节课要学的跪跳起是为以后学习"跳上成跪撑—向前跳下"以及前滚翻、后滚翻接跪跳起的一些组合动作打基础的。此外，还较为具体、直观地分析了跪跳起的动作结构，由"摆臂、压垫、提腰、收腿"四个环节组成。四张图生动形象地展示了四个环节的动作方法。

该部分对重难点的介绍，能够让人听明白是什么，但表述方式需进一步完善。从"重点是技术或技术的某环节，难点是效果"来理解的话，该项技术将重点定为"摆臂制动要提腰，压垫提膝收腿快"，显然里面包含着难点的内容，尤其是"压垫提膝收腿快"中的"收腿快"，应将其作为难点来理解。因为"快"与"慢"是属于效果的描述。那么，结合原来确定的"摆臂制动与压垫的配合"难点，通过进一步调整，如果重新描述重难点，建议重点可以表述为："摆、压、提、收"，难点是"摆、压、提协调配合，收腿快"。由于任课教师将跪跳起单元划分为四次课，而该节课重点学习"摆臂、压垫和提腰"，难点是"动作协调连贯"，所以对比跪跳起整个技术学习的重难点设置，这节课的重难点设置是比较清晰而准确的。

教材、学情、内容与方式，在分析的时候几乎做到了无缝衔接，将几部分巧妙地结合在一起综合呈现，听起来非常自然，分析得也比较到位。尤其是在分析学情的时候，从学生喜欢什么、需要什么，到具体谈游戏与竞赛，尊重与理解是孩子们喜欢的和需要的，这也反映出该课以人为本的设计理念。

基于以上分析，说课者设置了较为明确的教学目标，并从"认知、技能和情感"三个方面进行了描述，也通过PPT较为直观地加深了人们对目标设置的印象。

一句"好了,老师们,下面就和我一起走进课堂"把大家带入了跪跳起课堂情景之中。在开始部分,与以往说课所不同的是,该教师明确提出了开始部分体现的几个变化:①齐步走和踏步走的变化;②队列队形变化;③手臂动作变化;④练习方向变化;⑤领做角色变化。进一步解释了集中变化的具体操作方法。设置各种变化的目的也非常明确,主要是为了吸引注意力,培养观察力、模仿力、应变能力。可以说,从开始部分就比较新颖,打破了常规的组织和表达方式。大多数说课者很难在开始部分说出新意,其主要原因在于设计缺乏特色。而该节课老师通过几个"变化"吸引了说课评委们的注意,同时,会给评委留下较为深刻的印象。

课的准备部分,老师用跪跳起的动作元素创编了几节徒手操,在音乐的伴奏下,由任课教师带领学生一起完成。同时,创编该套操的目的也是十分明确,即活动与"跪跳起"动作相关的身体关节,达到热身和保护的作用。在引导性练习中又安排了几个向跪跳起逐步过渡的小游戏,学生们既感兴趣,又不知不觉中过渡到基本动作的学习。同时,说课过程中通过视频演示向大家展示了几种游戏的做法,非常直观和生动。该部分的目的也较为明确,通过游戏渗透一些简单的动作概念,为后面的主教材学习做好引导和铺垫。

进入基本部分以后,老师通过不同方位的示范,引导学生注意观察,并和学生一起总结学习跪跳起的动作口诀:"跪立,臂前屈;后坐,臂后摆;压垫,身跃起;收腿,成蹲立。"并通过"高人、矮人、巨人"的游戏,激发了学生的练习兴趣,提高了他们的参与度。同时,归纳了学生练习中易犯的错误,主要包括"摆臂抬体动作不协调","摆臂与压垫配合不好","提腰、提膝不够"三个方面。为解决这些问题,老师创新设置了"撤垫子""加垫子"两个有趣又需要合作练习的游戏,学生在快乐的体验与练习中,逐渐纠正错误动作。除此之外,还有一些学生勾脚尖、不能成蹲立等,老师分析了造成这些现象的主要原因:心理恐惧,身体紧张;理解不够,知识模糊;力量不足,动作变形。在练习过程中,通过让学生自主选择、设置标志、加强保护帮助等措施,纠正错误、提高练习准确性的目的。但在该部分,令人不解的是，如果两人像图片中那样相互拉手练习，或许不利于学生完成跪跳起的动作，因为拉手以后，学生的摆臂动作被限制了，后续动作也就难以完成。

在练习中，为了让学生们更好地发现自己动作中的错误，并辨别错在哪里，老师通过iPad辅助拍摄技术，学生合作练习、拍摄、观察、分析、讨论。既能激发兴趣，又能提高练习的效率。在说课的过程中，老师也讲述了该部分的明确目的——找问题、学优点、改不足、解难题，而不是流于形式的应用信息技术。在动作展示环节，老师用到一句"睁大眼睛找别人的优点"，教育引导学生一定要相互学习，取长补短。同时，带领学生总结出该课学习的知识点："摆臂、压垫，要提腰，动作连贯，要协调。"实际上，这些知识点，也正是该课学习的重难点。这就反复强调了课的重点与难点，让学生记忆深刻，练习把握关键。

在课结束之前，老师先是安排了"快乐冰车"游戏，结合该节课学习的跪跳起，学生跪撑在垫子上，做单人、双人和三人的滑动游戏。随后，师生一起用"幸福拍手歌"集体放松，结束了该节课的内容。最后说课老师与现场的老师互动结束了说课。

二、"前滚翻"说课视频分析

【案例来源】北京实验学校(原北京市立新学校小学)

【说课教师】任军

【说课年级】小学二年级

【说课内容】前滚翻

扫码看"前滚翻"说课视频

（一）"前滚翻"说课视频描述

大家好，我是二里沟中心学区立新学校小学（现北京实验学校）的体育教师任军。今天我说课的题目是前滚翻，我将从以下九个方面进行说明。

1. 指导思想与理论依据

本课以"健康第一"为指导思想，以《义务教育体育与健康课程标准

(2011年版)》基本理念为理论依据。课堂教学以学生学习体育知识、掌握运动技能、学会锻炼方法为主线，以身体练习为主要手段，以增进学生健康为目标，以学生发展为中心。激发学生的学习兴趣，在充分发挥教师主导作用的同时，特别注重学生主体地位的体现，在教学中利用灵活多变的教学方法，使用有效的教学手段，培养学生自主学习、合作学习能力，发展学生的学习能力。本课既面向全体学生，又兼顾个体差异，促进学生身心全面发展。

2. 教学背景分析

教学内容分析。本课内容选自人民教育出版社《体育与健康》一、二年级全一册教材，属于技巧类项目。前滚翻是由头部（枕骨）开始，经颈、肩、背、腰、臀等身体部位，依次着垫的动作过程，是技巧类运动的基础动作，也是一种自我保护方法。学生在一年级已经学习和掌握了各种方式的滚动，二年级是在前后滚动的基础上进一步地学习滚翻动作，并为以后学习各种姿势的滚翻打好基础。

单元计划。本单元共4次课，本课为第一课次。

学生情况分析。心理特点：二年级学生活泼好动，注意力不易集中，但他们模仿能力很强。生理特点：骨骼肌肉以及内脏器官发育都不完善。本课教学对象为二（1）班32个人，身体素质较好，有2名转插生、3名肥胖儿童，教学中对这部分学生要加强个别辅导。

前期教学状况、问题和对策的研究说明。①手撑垫过远。解决策略：语言提示，在垫子适当位置画标志线。两个大手印，强化学生手撑垫子的位置。②头顶垫子。解决策略：提示动作要点，帮助者手扶练习者头部、枕骨，使头后着垫，或下颚夹手绢，帮助他练习低头。③支撑屈臂滚动方向不正。解决策略：提示动作要点，帮助者扶其易弯曲的手臂，使其两臂支撑力量均匀，或在垫子上画一直线，要求沿直线滚动。

3. 教学目标

（1）初步学习前滚翻动作方法，使70%—80%的学生在保护与帮助下完成动作，20%—30%的学生能够独立完成动作，做到蹬地有力、团身紧、滚动圆。

（2）发展学生柔韧、灵敏素质和身体协调性，提高控制身体平衡和快速安全通过障碍的能力。

（3）培养学生自尊与自信，勇于展示自我，和同学友好交往与合作的好品质。

4. 教学重点和难点

教学重点，蹬地有力、团身紧、滚动圆。教学难点，团身紧、滚动圆、方向正。

5. 主要教学方法、手段和教学资源

主要教学方法有讲解示范法、学生练习法、观察比较法、纠正错误法，还有游戏比赛法。

主要教学手段：一、利用电脑大屏幕播放的课件辅助教师讲解与示范，在练习过程中学生结合观看视频进行合作、讨论式学习；二、通过"小手按大手"强化前滚翻双手前撑的位置，利用下颚夹手绢等方式，引导学生枕骨着垫；三、利用体操垫下放置厚垫子形成10—15厘米高度斜坡，向下做前滚翻，降低动作难度。在垫子中间画一直线，提示学生滚得直、方向正。

主要教学资源：小垫子34块，录音机、电脑大屏幕各一，锥桶24个，自制钻圈8个，标志旗8面。

6. 教学流程图

这是本课的教学流程图。绿色是开始部分2—3分钟，蓝色是准备部分6—7分钟，红色是基本部分28—29分钟，结束部分2—3分钟。

这是本课的场地示意图。前滚翻场地示意图、游戏场地示意图。

7. 教学过程

第一，开始部分2—3分钟。首先是课堂常规，队形成四列横队，体育委员整队，师生问好，报告人数，教师介绍本课内容，并提出要求，检查服装，安排见习生。设计意图，让学生知道本课教学内容和教学目标，激发学生学习兴趣,为达成教学目标认真学习,积极锻炼。队列练习,四列横队;用并步法疏散和集合;转法练习向左、向右、向后;原地踏步走,立定。要求动作迅速敏捷、队形整齐规范。设计意图,进行服从教育,培养集体主义精神。

第二,准备部分用时6—7分钟。一般准备练习:垫上操,有器械,动作要求,准确、到位,身体姿态优美。专项准备活动:①活动颈、肩、肘、腕、髋、膝、踝关节;②前后滚动5—6次,教师首先示范,学生再进行练习,教师指导。要求充分活动各关节韧带,动作幅度由小到大。设计意图,充分活动各关节、韧带,为学生学习前滚翻打基础、做铺垫,预防伤害事故的发生。

第三,基本部分,这是本课的核心部分。这个为基本部分的时间分配柱状图,主教材用时17—18分钟,障碍赛跑用时10—11分钟。

前滚翻。①教师示范,借助电脑大屏幕讲解前滚翻成蹲立的动作方法和要点。要求学生认真观察教师示范,听清动作方法和要点。设计意图,运用现代化的教学手段辅助教师示范与讲解,做到图、文、声、像并茂,形象、生动、具体、直观,让学生形成正确的动作概念和动作表象。②学生自荐演示、教师介绍保护与帮助方法。要求听清楚、看明白。设计意图,使学生知道保护与帮助的方法,为练习做准备,预防伤害事故的发生。

这是滚动原理,在课的起始部分,要对学生提问:同学们,方形会不会滚动?回答,不会。那圆形怎么样?好,滚了,非常远。继续举例子,在生活当中有没有发现圆形物体更容易滚动?

师生针对电脑大屏幕动作图进行讨论,进行学习。这是大屏幕展示的动作图。

保护与帮助方法,单膝跪立于练习者一侧,一手压小腿,一手托肩,必要时可以扶腰、背,帮助成蹲撑。

这是教师示范动作,这是前滚翻的完整的动作:

(1) 蹲撑提踵,两手撑垫同肩宽。

（2）两脚用力蹬地，同时提臀、收腹，重心前移，团身向前滚动，枕骨、颈、肩、背、腰、臀依次着垫，当背部着垫时，记住屈腿，两手抱小腿成蹲撑。

（3）前滚翻练习。分组练习1，原地支撑，蹬地伸腿、提臀、收腹模仿练习。教师讲解动作方法，练习者双手支撑在大手印上，帮助者按住练习者的手加以限制，另一只手帮扶练习者头后，使其枕骨尽量靠近垫子上的标记，上面的标记是一个方块，同时采用游戏比赛的方式，看谁找得准。必要时练习者可以下颚夹手绢，帮助练习低头2—3次。要求一蹬、二撑、三低头。设计意图，先分解练习体验动作，为前滚翻动作打基础做铺垫，用口诀法帮助学生记忆。分组练习2，练习完整前滚翻动作，借助10—15厘米的斜坡，由高处向低处做前滚翻练习，一人练习，一人进行保护与帮助。要求蹬地有力、团身紧、滚动圆，团身滚动要像皮球。设计意图，由分解到完整，降低动作难度，便于学生掌握动作。这是利用10—15厘米的斜坡向下滚动的示意图。分组练习3，两人一组继续练习，去掉斜坡，练习者体会枕骨、颈、肩、背、腰、臀依次触垫的顺序，一人练习一人保护与帮助3—4次。要求蹬地低头、提臀、团身紧、滚动圆，滚动要像皮球，两人配合要默契。设计意图，增加难度进行练习，体会前滚翻的动作全过程。

（4）运用口诀，学生尝试独立完成练习，教师巡视提示动作要点，纠正错误动作，并辅导个别学生4—5次，要求蹬地有力、团身紧、滚动圆、方向正。设计意图，教师观察评价及时，纠正错误动作，学生形成正确的动作定型。

（5）两人结对、四人小组结合观看视频进行讨论式、合作式学习。要求通过分析比较、观察评价，互相学习，互相促进，共同提高。设计意图，利用现代化的教学手段形成更直观具体、更生动形象的动作概念，加强对前滚翻知识技能的理解和掌握。给学生一定的时间和空间，创造合作学习的环境，让学生通过多层次系统化的学习和练习，学习知识掌握技能，增强同学之间友好交往与合作。

（6）分组展示，采用不同形式的评价，自评、互评、师评，1—2次。要求动作连贯协调、成蹲立、姿态优美。设计意图，检查展示动作完成情况，学生参与教学过程评价，树立体操意识，提高动作质量。

（7）教师小结，总结本课知识、技能掌握情况，指出问题，提出希望。

游戏，障碍接力，障碍赛跑。①教师讲解游戏方法与规则，要求认真听，要听明白。设计意图，游戏的方法与规则是整个游戏的核心，必须要听明白，才能够进行游戏。②尝试练习，教师提示学生遵守游戏规则，1次。要求严格遵守游戏规则，快速安全通过障碍。设计意图，熟悉游戏规则，为比赛做好准备，养成遵守规则的好习惯。这是本游戏的教师示范，起跑以后，教师穿过圆圈，绕过障碍，到达标志，沿直线返回，先到为胜。③分组比赛，单人、双人接力，女同学和运动能力较差的男生可自选起跑线，各1次。要求小组商量战术，保证游戏安全。设计意图，适当提高练习密度，有效增强学生体质，加强学生之间友好交往与合作，根据学生不同运动能力因材施教，区别对待。④分组比赛，四人小组接力赛手拉手通过障碍，教师观察评价，1次。要求四人协同跑配合默契，快速安全通过障碍。设计意图，提高难度，增加密度，增强学生的兴趣，发展和谐的人际关系。

第四，结束部分用时2—3分钟。①放松小舞蹈，幸福拍手歌，用时1分30秒，要求师生同歌同舞，身心愉悦充分放松。②教师小结，学生畅谈本课收获。意图，检查了解学生知识、技能掌握情况。宣布下课，师生再见，布置收器材。

8. 学习效果评价设计

评价形式新颖，教师在教学中将及时评价、过程性评价、多元化评价、终结性评价相结合，最大限度地调动学生学习的积极性。本课教学组织严谨，教学步骤清晰，层次分明、教学重点定位准确，把握教材得当，教法手段灵活多样、实用有效。运动负荷，全课练习密度32%—36%，全课平均心率124—132次/分钟。

9. 教学设计特点

①提出基本能力培养，突出运动技能教学。采用游戏和比赛的形式处理主教材。②采用现代化的教学手段，配合教师讲解示范，突出技术重点、难点。③通过小手按大手，强化前滚翻双手前撑位置，在垫子上画线，提示学生枕骨着垫，滚动直、方向正，运用口诀形式便于学生记忆。④多分组、多练习、精讲多练，讲练结合，减少掉队，提高实效。谢谢大家！

（二）"前滚翻"说课视频分析

这节"前滚翻"课，任军老师不仅规范地按照说课流程将每一部分详细而明确地做了一一阐述，而且整体结构和每一部分的内容十分清晰。看完这个说课视频，大家都会十分明确案例中的说课内容包含9个部分：①指导思想与理论依据；②教学背景分析；③教学目标；④教学重点和难点；⑤主要教学方法、手段和教学资源；⑥教学流程图；⑦教学过程；⑧学习效果评价设计；⑨教学设计特点。该案例所呈现的内容较为全面，既能让人了解课是如何设计的，又能让人通过聆听这几个部分的描述，明白了教学的过程与方法。

本案例的最大特点是，任老师对每一部分都做了较为详细的介绍，说课内容简洁明了，最突出的是更加具体和深入地讲述了前滚翻的多种练习方法，及其要求和设计意图。这样，大家能够明白，每一项练习为什么这么设计或者是那么设计。尤其是"前期教学状况、问题和对策的研究说明"，是平时教师说课容易忽略的部分。有了该部分内容，能够体现出本次说课是非常有针对性的解决问题的设计，也体现出了课的上下连贯性，更有利于学生学习和掌握前滚翻知识与技能。

从本节课教学目标的设置来看，不仅针对全班同学，还照顾到了个体差异。如既有70%—80%学生的目标，也有20%—30%学生的目标。我们还能够从目标的表述中看到，通过该节课学习，大部分学生能够在他人的帮助下完成动作，有少部分学生能够独立完成动作，且能做到蹬地有力、团身紧、滚动圆等。总体上来看，目标的设置较为全面和可观测。

针对前滚翻单元的第一次课而言，重点定位在蹬地有力、团身紧、滚动圆，难点设定为团身紧、滚动圆、方向正，显然重难点有所重复，因为我们明显能够看出，重点的描述方式更像是难点。基于重点与难点的概念区分，该节课的重点最好能够定位在蹬地、团身、滚动，因为"有力、紧、圆"等这一类的词语都是从完成动作的效果的角度来说的，即均可以归入难点之中。

教学流程图比较全面地列出了从开始部分到结束部分所用时间、课程内容，以及方法步骤。实际上，对于教学流程而言，仅列举基本部分主教材的教与学的过程会更为适宜。

在教学过程部分，任老师详细介绍了每一部分的内容与设计意图，包括课堂常规、准备活动内容，教师教的过程和学生学练的过程都较为具体，如同把听众带到了一节完整的体育课堂之中。但有一点小小的建议，假如说课组织者要求时间更短，可以尽可能地将大部分时间用于对基本部分，尤其是主教材教学环节的讲述。这样会显得重点内容更加突出。

在整个教学过程介绍中，任老师借用了电脑大屏幕等教学辅助设备，有利于学生对前滚翻动作的更进一步理解和把握。如在垫子上画两只大手、一个方块和一条直线，提示学生"用小手按大手""枕骨部位触及方块位置""沿直线滚动"，以及演示滚动原理等，更加直观地提示学生完成动作的方式方法，从而有利于强化重点和突破难点。这一定程度上反映出，任老师对该课围绕重难点进行了精心设计。

除此之外，课的小结，明显看出是在主教材教学之后进行的，而没有像大多数课一样把小结放在结束部分。主教材教学之后立刻小结能够让学生对该节课主要学习内容进一步加深印象，让学生及时了解自己主要学了什么，学会了什么。当然，将小结放在结束部分放松活动之后，也比较适宜，因为一是放松活动和课的基本部分能够连贯起来，二是放松活动结束以后，该节课等于基本完成了，小结得会更加全面。在小结最后，如有需要，也可以直接布置些需要学生课后练习的任务或体育家庭作业。

三、"双手从头后向前掷实心球"说课视频分析

【案例来源】北京第二实验小学
【说课年级】小学五年级
【说课教师】张楠
【说课内容】双手从头后向前掷实心球

扫码看"双手从头后向前掷实心球"说课视频

(一)"双手从头后向前掷实心球"说课视频描述

好,各位家人,大家上午好!我今天说课的主题是:启发是为了理解,理解是为了掌握。投掷类内容在人教版教材水平一、二、三中都有涉及,而水平二中开始出现前掷实心球。我今天给大家聊的是,水平三当中双手从头后向前掷实心球。它由蹬地、收腹、挥臂、甩腕四个环节组成,用力顺序和出手角度是它的重点。通过水平二和水平三的教材对比,我发现,水平三对出手角度的要求有所提高,这恰恰是整个内容当中最难以理解和掌握的。如何让学生更容易掌握出手角度,以便按顺序完成投掷的动作,是我这节课的切入点。我授课的这班学生,是五年级的学生,在三、四年级的时候,他们已经学习了前掷实心球的知识和用力顺序,但由于上肢力量和腰腹肌力量较弱,对投掷的方向、高度、角度、投掷能力等理解较差,所以他们投不远。通过第一节课的学习,学生初步学习了双手从头后向前掷实心球的用力顺序,但由于出手时机和出手角度是在瞬间完成的,学生很难观察到出手角度这一教学要点,他们的理解是模糊的,没有一个相对准确的概念,在练习中常出现出手后球直接砸地的现象。以上课堂上出现的问题,应该如何解决呢?回忆以前的教学,我常会用立杆拉横绳和学生手持跳绳充当标志物,通过反复地投掷实心球,来寻找自己的出手时机和出手角度。反思以往的教学,我渐渐发现,实心球长时间使用,学生会很快感觉到疲劳与厌倦,学习兴趣降低。出于安全考虑,教师让学生只能听信号投,听信号捡。再从教具的角度看,横绳高度不好调节,不能因人而异。那么,如何增强学生学习体育的兴趣,

增加练习密度，做到因材施教呢？课标解析中指出，运用合作学习，有利于增强学生体育学习的效果。给学生创造自主学习的时间和场合，是合作学习的一个必要条件。学生在教师的启发下，在合作中自主进行练习，理解技术动作，有利于充分发挥学生体育学习的自觉性和积极性。基于以上这些分析，我制定了本节课的教学目标。当中，出手角度是我的教学重点，难点是动作连贯、协调。为了更好地完成本课的教学目标，我设计了以下的教学环节。

开始部分，传统的上课模式和队列练习，都是教材当中要求掌握的，目标呢，是展示身体姿态。

准备部分，我安排了两个环节：首先，是配乐球操；其次，是专项练习。内容包括比投球的高度和返弹球的高度，是为了让学生体会蹬地、收腹和快速挥臂。

接下来是基本部分，也是我着重向大家介绍的环节。为了调动学生学习的主动性和积极性，首先我设置了一个小游戏。我们先来看怎么做，稍微有点慢，可能小游戏设计得比较完美，想让大家看得更精彩一些。好了，比比谁投得远，好东西不嫌晚。接着学生进行了有参照物的投掷练习，在练习过程当中我发现，你们的球没有像张老师那样，有一道美丽的抛物线。我有一个窍门，好，你来给我配合一下，站在一点的位置，我只有一个目的，在不用全力的情况下，将球从他头上投过去。通过刚才这个教学环节，教师主动告知学生在练习中出现的问题及解决的办法，没有给学生留有思考的空间。如果再上课的话，我会先找两组同学进行对比，学生通过观察、对比，发现自己练习当中动作的问题，从而再次进行练习，我想效果会更好一些。有参照物投掷，目的是让学生进一步体会出手时机和出手角度，因为出手角度的不同，球飞行路线会变化，当我观察大多数同学都能投过参照物以后，为了让学生对技术动作理解更深刻，我给他们提了一个问题：当球出手时你的手臂处于何种状态？学生带着问题继续进行练习，通过练习，学生都能很轻松地投过参照物，随后教师增加了难度，怎么做的呢？我们来看一下，后面没声音，没声音也没关系哈，这个位置，哦，我不要声音了。既然前面没听见，我给大家解释一下，学生还分成四个人一组，中间那个同学充当参照物，然后呢，旁边那个同学充当小老师，对面的那个同学负责捡球。捡完球以后要跟小老师进行沟通，看球的落点，是落一个点，两个点，还是三个点，然后跟小老师进行沟通，小老师再跟投球人进行沟通，随时调整参照物的位置，寻找适合自己的出手角度和时机。在练习的过程当中，教师巡视、指导，随时发现问题，随时进行纠正。无论你的力气有多大，出手速度有多快，出手时机和出手角度不正确，是不是还是投不远？教师再次增加了难度，中间站两名同学，目的是让学生在一定高度和远距离下强化体验出手时机和出手角度，通过练习，学生对动作理解得更加深刻，技术掌握得也越来越好了，学生兴趣也越来越高。可是，原有的这些难度还是不能满足一部分同学的需求，我果断地采用之前的设计当中没有的内容，相邻的两组同学组合在一起，进行更有挑战的练习。这样，既满足了一部分同学的需求，同时也给其他同学提出了新的目标。瑞士球的使用，是为了让大家更好地了解技术动作，最终我们还是要回到实心球的练习当中，因为这节课学的还是双手从头后向前掷实心球。练习共分两个难度：第一，是不发力的投掷，目的是让大家进一步体会出手时机；第二，进行全力投掷实心球练习，目的是强化教学重点，还记得在教法二当中我提的那个问题吗？我们回忆一下，当你出手时，你的手臂处于何种状态？当时我们没有要答案，目的是用瑞士球练习当中得出的技术重点，迁移到实心球上来，此时再次提出同样的问题，学生进一步思考与实践，最终答案放在两种器材的使用后得出。这种时机的把握，是为了让孩子进一步地理解与掌握，直至真正地学懂知识。

接下来就是辅教材了，游戏接力跑比赛，目的是让学生在游戏中发展速度和提升力量，这是我的游戏规则与要求。

结束部分，设置的是一个放松的小练习，让师生在愉快的氛围下，放松身心，增进感情。

本课的安全措施及教学效果，通过此表大家可以清楚地看到，实际效果已经达到了预计效果，在练习密度上还高出了预计效果。

教学特色，这儿我想向大家强调的是器材的使用。以前上实心球课，球贯穿课的始终，每个同学投 10—15 次。本课运用瑞士球和实心球相结合，通过合作学习的方式，每人投 20—25 次，这不光是提高了练习密度，更重要的是让学生更好地掌握技术动作。

反思整节课的学习，学生受到启发，运用合作、探究式的学习领悟技术动作，并且对技术动作有了新的理解，从而进行理解基础上的练习，不断规范技术动作。让学生从体验中思考，从思考中突破。启发是为了理解，理解是为了有效地练习，练习是为了得到新的启发，借助新的启发，让学生再次经历启发、理解、练习，就这样循环往复，螺旋上升，直至真正地掌握。谢谢！

（二）"双手从头后向前掷实心球"说课视频分析

张楠老师所说的"双手从头后向前掷实心球"课，是一节课后说课，即该课在说课之前已经上过。说课大致分为上课前说和上课后说两类，即一类是还没有上过，只是做了设计，说出了如何设计的，将如何上，另一类是已经上过，说的是如何设计的，怎么上的。

从"双手从头后向前掷实心球"说课的总体情况来看，说课内容的各个部分衔接自然，语言表达流畅，课的设计环环相扣，主题鲜明。

说课开始，张老师对说课内容的介绍有所不同，大多数说课者都会说到，我今天说课的题目或内容是什么，而题目或内容基本上都是上课的主教材的内容，如上篮球原地胸前传接球课，就会说"我今天说课的题目（或内容）是篮球原地胸前传接球"，如果上实心球课，往往会说"我今天说课的题目（或内容）是实心球"。张老师说课的主教材内容是实心球，具体说是双手从头后向前掷实心球，但是张楠老师并没有直接说课的主题是这些，而是说"启发是为了理解，理解是为了掌握"，突出强调了启发、理解、掌握，并将"双手从头后向前掷实心球"作为副标题呈现在说课 PPT 的首页上。这种方式较为新颖，也不会让人产生疑惑。

在介绍这节课的主教材内容的时候,张老师一开始就谈到投掷类内容在教材水平一、二、三中都有涉及,而水平二当中开始出现前掷实心球,今天说的是水平三中的双手从头后向前掷实心球。该部分不仅介绍了教材,还分析了水平二、水平三投掷内容的差异所在,重点分析了双手从头后向前掷实心球的教学重点与难点,学生学习的步骤与方法。在进行学情分析的时候,重点分析了学生学过什么,存在哪些身体素质上的不足、技术动作弱点,尤其是对投掷的方向、高度、角度理解较差,所以提出在这节课上着重解决的问题——出手角度问题。在第一节课学习投掷实心球的用力顺序时,因出手动作是在瞬间完成,学生不容易把握,因此,该节课结合教材与学生特点,设计了首先练习瑞士球,然后过渡到实心球的方式方法来组织实心球教学活动,激发了学生的兴趣,调动了学生练习的积极性和主动性。

总体来讲,课说得较为全面、具体,分析较为深入与详细,课的设计也较为合理,有诸多值得借鉴之处。但也存在有待进一步完善的地方,如视频与音效在说课前需要试播,以确保在说课过程中顺利播出,否则,会影响说课时间和整体效果。

四、"小篮球—原地运球"说课视频分析

【案例来源】北京市崇文新景联盟校

【说课教师】商维禹

【说课年级】小学三年级

【说课内容】小篮球—原地运球

扫码看"小篮球—原地运球"说课视频

(一)"小篮球—原地运球"说课视频描述

老师们,我是崇文新景联盟校的商维禹。今天我要说课的内容是小篮球—原地运球。

在上课之前备课的时候,我就在想,我要上一节什么样的体育课?怎么来落实"健康第一"的指导思想,促进学生健康成长?首先,我想上一节学

生喜欢上的体育课，应该让学生感觉到新颖，有收获，好玩，所以，我将篮球运球这一技术性教学进行游戏化的处理，激发学生练习兴趣，让学生在玩中逐渐掌握体育技能，并在实战和游戏当中得以运用。其次，我还想上有锻炼效果的体育课，那应该是让学生感觉到在身体、心理、知识、技能等各个方面都有所收获的，所以，我在教原地运球动作的时候，注重篮球知识点传授和实战运用，注重合理搭配练习的强度与密度。关注学生的心理健康发展，促进学生健康成长，这就是本节课的指导思想和理论依据。

本课内容是三年级小篮球——原地运球，选用北京版教材的第三册。篮球运动之所以受大家的喜爱，主要是它具有对抗性、集体性和游戏性等特点，并且大家能够通过篮球运动，达到终身锻炼的目的。在篮球比赛当中，唯一能够持球移动的技术就是运球，而原地运球又是所有运球技术的基础，因此，非常有必要让学生在初学阶段打下良好的、扎实的基础。原地运球的教材要点是，手触球的部位和时机，培养学生抬头运球和两手都能运球的能力。本节课将重点学习运球时用力按压和随球缓冲的动作要领。为了增加练习的强度，主教材搭配的是游戏协助跑。本班学生在一年级的时候，曾经学习过拍球比多、投篮游戏等，还有一些学生是篮球兴趣班的，所以具备了一定的球性基础，但是也有几名学生协调性较差，球感较差，所以学生在能力方面还是存在着一定差异的。针对以上的一些分析，我为本次的教学活动安排了不同要求的活动。例如利用辅助教材去解决和突破教学的重难点，运用运球砸点的游戏进行评价，并且针对三年级学生的篮球基础还不足以满足正式比赛的需求，我就给他们设计了另外一种形式的比赛，叫作快快报时，根据学生不同的能力情况，让他们站在时针和分针不同的位置游戏，在游戏当中体会篮球基本功练习的重要性。

本单元已经安排了4课时，本次课为第2课时。在第一次课的时候，学生已经基本掌握了手触球的部位，但是还有拍打球的现象，所以本节课将进一步学习小篮球——原地运球的动作方法，使学生初步掌握用力按压和随球缓冲的动作要领，发展力量素质和身体协调性，提高控球能力。由此，也引出了本节课的重难点，重点是用力按压，难点为随球缓冲。

有了以上的前期准备，我就可以开始上课了。在课的开始部分，我安排了队列练习，培养学生的常规意识和集体主义观念。在准备部分，通过传球比快的小游戏，发给学生每人一个球，然后，通过篮球操达到热身的目的，学生在热完身后，开始做各种熟悉球性的练习。其中，有一个熟悉球性的小游戏，叫作按球比高，学生以原地运球的准备姿势，用力向下按压后，看看谁的球弹起来高。能力强的学生，还可以在用力按压后再接住球。这个游戏主要是让学生体会用力向下按压的感觉。

然后，我们进入了基本部分。首先是主教材，让学生复习上节课原地运球的动作，熟悉手触球的部位，让学生巩固五指自然张开，把掌心空出的动作要领，学生要控制好球的落点。接着，我给学生进行了示范和讲解，重点讲解了手触球的时机和随球缓冲的动作，那么，学生通过观察和思考，再去持球，再去运球，去体会球向上反弹的力量，去寻找手触球的时机。为了让学生更加直观地观察到，手触球时机和随球缓冲动作对运球动作的影响，我和学生进行了一个运球比快的游戏。这是游戏场面。在游戏过程中，我故意地拍打球，并且手在高处挡球，那么，结果是显而易见的。想通过这种结果的反差，引发他们思考：我怎么样才能更好地控制球呢？什么时候手能接触球呢？那就需要在球向上反弹的时候就接住球，并且随球缓冲。这也培养了学生善于思考的能力。紧接着我让学生利用辅助的教具，去体会用力按压和随球缓冲的动作，就把这个自制的教具当作一个小篮球，学生把手放在教具上，用力向下按压，会感到有一股向上反弹的力量，顺势缓冲，用力按压，顺势缓冲。我们看看课上学生的练习情况，学生的手随着教具上下重复运动，就好像球粘在了手上一样，这进一步使学生体会了本节课的重难点。然后，学生放回教具，拿回篮球，继续通过运球来寻找真正的球粘手的感觉。这个时候学生的运球能力就会分化。有的学生能够比较好地控制球，也有一部分学生可能控制不好球，但是却认为，只要拍不丢就是运得好。因此我就设计了一个运球砸点的游戏，让学生来进行自我评价，大家看看评价的过程。学生左右两脚开立，两脚前各贴一个点，运球三次就要换到另外一个点上。如果运球能力比较强，他可以直接在点上进行交换，不用其他的区域过渡，那么他就能够得到篮球明星的奖章，可以贴在自己的胸前。能力差一点的学生，就会运不准，就会把球运到其他的区域过渡，他只能得到篮球运动员的评价。每个学生都想当明星，这时候他们就会思考：我怎么样才能控制好球呢？那就需要让球粘手，那怎么样球就粘手了呢？那就需要手用力按压后，球向上反弹的时候就接触球，并且要随球缓冲。然后，在学生进行自我评价和体验之后，继续练习运球。我们练习运球的目的，绝不仅仅是为了健身，更重要的还是能够在实战当中运用。那么，有了实战，就会有防守，这时我就问学生，如果有人防守你，抢断你的球，你该怎么办？有的学生当时就说，我可以跑。我觉得他的回答吧，也没有什么错。还有学生说，我要保护球，他的说法也很合理。这个时候我就告诉学生，无论怎么样，我们都应该仔细观察防守人，然后再根据防守人的情况进行选择。如果需要运球突破，那就必须用身体去保护好球，这就是学生在课上自我保护球的一个状况。老师们也看到了，我刚才还在学生们运球过程当中，出示篮球裁判的各种手势，这样就会慢慢培养学生抬头的意识，提高控球能力，并且让学生记住了篮球的相关知识。我觉得通过这种模拟抢断练习，使学生在练习的过程当中记住了：我为什么要在运球的时候抬起头来观察和保护球，进一步加深了学生对技术动作的理解。

最后，为了增加学生学以致用的机会，我就设计了一个原地运球和移动运球相衔接的游戏——快快报时。在这个圆圆的大表盘上，学生分别扮演时针和分针，他们通过这种运球的移动来体现时间上的变化。通过这个游戏，学生既巩固了原地运球的动作，又初步体会了移动运球的方法，还进一步强化了抬头运球的意识。我这节课出示的各种时间，都是寓意深刻的，全是学生在学校锻炼的时间。目的是要提示他们，要按时锻炼，养成健康的习惯，这也培养了学生合作学习的能力。

在主教材结束后，我又注重鼓励和表扬以延续学生的学习兴趣，并提示学生要在课下用右手去尝试教会左手运球，最终达到两手都能运球的目标。辅教材是游戏协助跑，学生两人一组，持球互让，以侧身跑的方式向前行进。通过这个游戏，学生初步体会到侧身跑的动作方法，能够为将来学习双手行进间传接球做好一个铺垫，这也达成了本节课辅教材的教学目标，并发扬了学生团结协作的精神。

进入结束部分，首先是一个放松的小游戏，球碰球保平衡，整理器材，小结，结束这节课。

本节课的教学评价用了很多方式，我感觉效果比较突出和明显的就是运球砸点的自我评价。学生通过这个游戏就知道了，自己是否达成目标，就是自己真实能力的体现，这就是对自己的客观评价。篮球明星奖章的设置也很吸引学生，每个学生都想当明星，所以会努力认真地练习，这也起到了评价的激励性作用。

预计运动负荷生理曲线如图，合理的内容搭配和教学手段，使学生达到了一定强度的运动量，这也为有一定效果的体育课进行了论证。

这节课的特点和一些反思。首先，给他玩，在开始阶段，让学生传球比快、运球比高、运球比快等。学生能够在游戏当中产生思考：我该如何玩？我怎样玩才能更好地控制球？怎样玩才能获得游戏和比赛的胜利？通过本节课辅助教具的使用，突破和解决了这节课的重难点。运球砸点、快快报时等游戏，使学生逐渐在游戏过程当中学会了基本技术，体会了成功，从而也就产生了我要玩的主动性想法，我觉得这就是学生喜欢上的体育课。篮球原地运球技术看似简单，但是学生要想在短时间内就能够很好地控制球，我觉得也并非易事。那么在本节课，让学生利用这个辅助的教具，主要利用松紧适度的皮筋的弹力进行体会，他们很快就会找到运动的关键点，从而学会了基本技术。此外，还通过较大密度的练习，发展了学生体能。在教学过程的各个环节中不断渗透团结协作、敢于担当等德育，使本节课也成了有多维效果的体育课。当时流畅的教学过程，也使我收获了很大的信心。在今后的教学工作中，我会以"健康第一"为指导思想，以促进学生健康成长为目标，继续努力工作。谢谢各位老师。

（二）"小篮球—原地运球"说课视频分析

"小篮球—原地运球"说课的开始首先提出一个问题，并自问自答：上一节什么样的体育课呢？第一，上学生喜欢上的体育课，注重兴趣的激发；第二，上有锻炼效果的体育课。这样的开场方式比较新颖、独特。

这节课商老师还利用辅助教具，帮助学生体验和掌握运球动作。运用运球砸点游戏激励学生争当小明星，提高学生练习的积极性和主动性。同时，也巧妙地渗透了评价。还设计了一个快快报时游戏，学生站在分针和时针不同的位置进行游戏，让学生在游戏中体会到篮球基本功练习的重要性。

这一说课也是上过课以后的说课，即本课已经组织过课堂教学，在教学中教师注意引导和启发，引导学生善于动脑思考。

有待进一步提高的是，尽可能增加每次新颖练习方式的练习次数和持续时间，这样既能体现出新颖，还能大大提高练习的实效性。

五、"足球—带球跑"说课视频分析

【案例来源】深圳市龙岗区天成学校
【说课教师】黄立
【说课年级】八年级
【说课内容】足球—带球跑

扫码看"足球—带球跑"说课视频

（一）"足球—带球跑"说课视频描述

各位评委老师好，我是6号参赛教师，请大家批评指正。今天我说课的内容是，体育与健康课程水平四，八年级足球教学，带球跑。学生人数为常规教学班50人，场地为学校足球场，器材为足球60个、雪糕桶20个。

由于体育学科只有全科教材，因此，我将参考教材定为人民体育出版社《足球教学训练工作指南》，及人民教育出版社《中小学校园足球》教材。从课程性质以及技术难度来说，此课属于入门初级课，是学校七年级足球教学的进一步学习。此课的开设保障了学校足球队的选拔和训练，也是学校落实"2+1"政策、响应国家大力发展校园足球号召的重要措施。

从学情来说，八年级的学生不管是领悟能力还是身体机能，都较七年级有了一个长足的发展，但仍然属于发育阶段，他们对具体的技术动作的学习非常快速，但有不稳定性，而且学生在七年级的时候已经对足球有了一定的基础。因此，我将本次课教学目标定为以下三个方面：第一，知识与技能方面，学生能够有效准确地理解并能说出带球跑的动作要领，以及它的意义，90%的学生能够在带球的过程中稳定控制住球。第二，过程与方法方面，课程能够按照既定的流程进行，使学生通过带球跑练习，能够自然地学习到规范的技术动作。第三，情感态度与价值观方面，使学生通过学习，加强对足球的热爱，培养他们为校争光、为中国足球争光的精神。

综合考虑到足球教学的特点，以及我们的场地器材、学生的水平、带球跑的技术动作，以及男女学生之间的差异，我将这节课的重点定为：带球跑过程中学生对球的控制，难点为正确的触球动作以及力度的掌握。

根据体育学科常规教学流程，我将课的结构分为三个部分：准备部分、基本部分及结束部分。

准备部分为7分钟，除了常规内容，考虑到足球的特点，我将带领学生做一套足球的徒手操，以及进行一个网式足球的游戏。通过这个热身活动，学生能够充分体会到学习的快乐，并且进行损伤的预防教育，以及安全教育。

基本部分为30分钟，主要分为三个部分。第一，将学生分为10组，以5米为距离进行自由带球，时间为3分钟。第二，教师讲解示范正确的带球技术动作，重点展示脚内侧推球和脚外侧拨球的带球，强化七年级学过的技能，并将5米的距离推至15米。学生进行练习的同时，能够用口令提醒的方式进行同步反馈，每组练习后进行一个末端反馈，学生出来示范，并且进行错误的纠正。第三，限定区域自由带球，利用全场自由带球，通过学生穿插带球练习，强化学生对力度的掌握，培养学生对力度的控制，也促进学法的改进。

然后，限定半场，提高带球的难度。在三个练习当中，我会充分利用案例、脚踢球方法等的指导、演示重心变化等强化的手段，以及利用分组指定小教师的方法，发挥合作学习的作用。

结束部分，将学生限定在半场区域，进行踢走别人的球的游戏，让学生体会到快乐的同时，继续强化技术。最后进行拉伸放松，总结，表扬本次课的先进个人或者团体，讲述最近的足球热点，比如中国足球队出线无望，但精神可嘉的新闻，将其带给学生，同时回收器材，以及师生再见。至此，我的课就基本结束了。

课的密度设计为 65% 左右，学生心率在每分钟 124 次左右，心率曲线大概成倒 U 形。同时，如果条件允许积极利用信息技术手段，例如利用手机的一个慢动作功能，将练习过程当中教师或学生的动作拍下来，课后通过班主任推送给学生，然后他们课后能够通过微课程这种方式，继续强化认识。至此，我的说课就全部结束了，感谢各位评委老师。

（二）"足球—带球跑"说课视频分析

说课开始，黄立老师说："各位评委老师好，我是 6 号参赛教师，请大家批评指正。"开场按规定介绍了自己的参赛编号，并用了一句"请大家批评指正"，体现出说课教师虚心、诚恳的态度。

整个说课过程，语言简洁、明了，各部分内容表述清晰，知识技能目标的定位比较准确，但未能体现全员性，仅设置了 90% 的学生能够在带球过程中稳定地控制住足球的目标，剩余的少部分学生应该通过这节课的学习达到何种水平并未提及。另外，目标维度分为知识与技能、过程与方法、情感态度与价值观这三个方面，略有不妥，因为其中的过程与方法难以真正实现量化和具体化，即便是课堂能够按照既定的流程进行，使学生能够通过带球跑练习学习到比较自然、规范的技术动作，但是过程与方法，不太适合作为目标维度。应该是达成目标应如何把握过程与方法，而不是达成过程与方法方面的目标。

该节课重难点的确定比较准确。黄老师将重点设定为：带球跑过程中学生对球的控制，难点确定为：正确的触球动作以及力度的掌握。该节课各项练习的设计，也紧紧围绕重点的强化与难点的突破展开，可以收到较为明显的教学效果。除此之外，还可以明显感受到，该次课比较注重育人，尤其在小结部分，通过表扬、激励、引导等方式育人。

下面对说课视频分析做一个简单的归纳。

说课案例有很多，　经验问题分开说；
每个案例说得好，　经验启发都不少；
多数表达很精辟，　自然流畅又大气；
个别环节需改进，　视频分析留分寸；
说课水平想提高，　多学多看不可少。

第二章 说课文本分析

说课的文本要求完整、具体、清晰。特点鲜明、设计新颖一定程度上能够给说课参赛选手更大的信心。下面对几个说课文本案例进行分析。

一、"自然站立式起跑"说课文本分析

【案例来源】北京航空航天大学实验学校小学部

【说课教师】王艺兵

【说课年级】小学二年级

【说课内容】自然站立式起跑

(一)"自然站立式起跑"教学设计

"自然站立式起跑"教学设计

一、指导思想与理论依据

本课以"健康第一"为指导思想,以《义务教育体育与健康课程标准(2011年版)》的基本理念为理论依据,注重激发学生的运动兴趣,积极引导学生体验运动的乐趣和成功的喜悦。以学生发展为中心,突出学生的主体地位,促进学生学会体育与健康学习。关注学生的不同需求和个体差异,区别对待、因材施教,合理运用评价手段,促进学生身心全面发展。

二、教学背景分析

(一)教学内容分析

自然站立式起跑属于小学低年级跑的教材内容,是在学习各种姿势起动的自然跑基础上继续学习起跑动作,它是小学低年级学生掌握快速跑技能的一种最基本的起跑方法,也是最简单的自然式起跑动作。教学重点是要求前脚的异侧手在体前,教学难点是

续表

反应迅速起动快。在教学中要把站立式起跑与快速跑的练习紧密结合起来。通过练习，可以激发学生对跑步的兴趣，发展下肢力量，发展速度、灵敏和协调素质，发展跑的能力，促进内脏器官的发育和技能的增强，为今后学习30米和50米快速跑打下基础。在前期学习各种姿势起动的自然跑时，教师发现小部分学生起动慢并有抢跑现象发生，在本课教学中教师应通过发出不同信号以及放慢口令速度等手段加以指导和帮助。本单元共三次课，本课为第二课次。

单元教学目标：

1. 提高完成自然站立式起跑动作的能力，做到前脚异侧手在体前，反应迅速，起动快，动作连贯、协调，快速向前跑出。
2. 发展学生的下肢力量，发展速度、灵敏和协调素质，提高快速奔跑能力。
3. 培养学生顽强拼搏、果断勇敢的精神以及积极进取的优良品质。

课次	技能目标	教学重难点
1	学习各种姿势的起跑，使70%—80%的学生做到反应灵敏，起动快	教学重点：反应灵敏，起动快 教学难点：动作连贯、协调
2	学习自然站立式起跑动作，使80%以上的学生做到前脚异侧手在体前，反应迅速，起动快	教学重点：前脚异侧手在体前，反应迅速，起动快 教学难点：动作连贯、协调，快速向前跑出
3	巩固自然站立式起跑动作，使90%以上学生做到起跑动作正确、连贯、协调，反应迅速，起动快，跑成直线	教学重点：起跑动作准确、连贯、协调，反应迅速，起动快，跑成直线 教学难点：前脚用力蹬地，后脚快速前摆

(二) 学生情况分析

小学二年级学生年龄为7—8岁，骨骼易弯曲，肌肉力量小，身体的柔韧性好，大肌肉群的动作已经比较协调。他们活泼好动容易兴奋，注意力易分散和易疲劳，他们模仿能力强，但是组织纪律性、自我控制能力以及空间知觉能力差。在教学过程中，往往要借助教师的语言、手势或具体的参照物加以导向，帮助学生认识体位关系和活动方位。他们感知事物以直接的视觉、听觉为主，理解能力和抽象思维能力不高，以形象思维为主，思维离不开具体形象，教学方法宜采用直观性教学。所以，在体育教学中，针对二年级学生的身心特点，应每节课都安排队列练习，培养学生正确的身体姿势和组织纪律性。在技能教学中应采用直观教学，如图片、视频和教师正确的示范动作，帮助学生加深对动作的理解和表象的形成，并要不时运用问答法吸引学生注意力，如教师问"1、2、3"，学生答"3、2、1"，教师问"大眼睛"，学生答"看老师"。教师还要不断地提示、表扬、激励学生，促使其达到要求，全身心投入。

续表

本课是对二（8）班学生进行教学，这个班集体荣誉感强，整体纪律较好，踏实、肯学，喜欢运动，体能状况较好。班内有3名男生纪律较差，上课爱做小动作，爱讲话。还有1名学生偏胖。因此在上课过程中，教师要多关注这几名学生，加强对他们的指导帮助与鼓励，确保每位学生受益。

三、教学目标

1. 学习自然站立式起跑动作，使80%以上的学生做到前脚异侧手在体前，反应迅速，起动快。
2. 发展学生的上下肢、腰腹力量，发展速度、灵敏和协调素质，提高快速奔跑能力。
3. 培养学生顽强拼搏、果断勇敢的精神和积极进取的优良品质以及团结协作的作风。

四、教学重难点

教学重点：前脚异侧手在体前，反应迅速，起动快。

教学难点：动作连贯、协调，快速向前跑出。

五、主要教学方法、教学手段和教学资源

（一）主要教学方法

示范讲解法、练习法、问答法、目标参照法、矫正错误法、个别指导法、观察评价法、游戏比赛法。

选择以上教学方法的理由：

1. 示范讲解法和练习法：二年级学生以形象思维为主，宜采用直观性教学，促使其形成正确的动作表象和概念；通过各种身体练习逐步掌握动作技能，体现先动脑后动体的学习规律。
2. 问答法：学生注意力易分散和易疲劳，保持学生的上课注意力。
3. 目标参照法：空间知觉能力差，帮助学生认识体位关系和活动方位。
4. 条件作业法：通过限制条件的练习，尽快掌握动作技能。
5. 矫正错误法和个别指导法：发现共性问题及时集体纠正，个别问题个别指导，区别对待。
6. 观察评价法：发挥评价的诊断、反馈、发展功能。
7. 游戏比赛法：通过游戏和比赛的形式调动学生的练习积极性。

（二）主要教学手段

1. 利用动作挂图和操场上的大屏幕辅助教师讲解示范动作。
2. 采用集体练习、个体练习、合作练习、游戏比赛练习多种方式，自我检查动作，相互观察评价动作。

续表

3. 利用在手臂和脚面上粘即时贴的方法,解决前脚异侧手在体前的问题。

4. 通过进行"飞毛腿"比赛和追拍游戏提高学生的反应和起动速度。

(三) 主要教学资源

录音机1台、大屏幕1块、实心球12个、动作挂图1张、即时贴64块。

六、教学流程图

开始部分(约3分钟)——→课堂常规——→小游戏:金鸡独立——→队列练习

↓

准备部分(约5分钟)——→一般性准备活动——→专项准备活动

↓

基本部分1:自然站立式起跑(约18分钟)——→四个方向快速起动练习——→教师示范讲解——→学生原地体会动作——→粘即时贴练习——→整合动作练习——→自主练习——→合作练习——→同学表演——→起跑过3米线——→追拍游戏:飞毛腿比赛——→教师小结

基本部分2:游戏播种(约11分钟)——→语言导入戴头饰——→示范讲解方法、规则——→学生练习——→学生比赛——→教师小结

↓

结束部分(约3分钟):放松练习——→教师小结

场地示意图

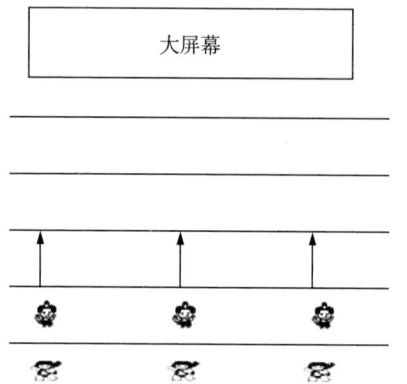

七、教学过程

(一) 开始部分(约3分钟)

1. 课堂常规

(1) 体委整队报告人数。

续表

(2) 师生问好。

(3) 宣布本课内容及要求，以语言激励调动学生积极性。

(4) 安排见习生。

(5) 小游戏：金鸡独立。

本课要求：遵守纪律、听从指挥、刻苦练习。

设计意图：使学生明确本课学习内容和要求，激发学生学习兴趣，进行心理启动；通过游戏吸引学生注意力，并熟悉左右方位，认清异侧手、脚。

2. 队列练习

(1) 原地踏步走—立定 1—2 次。

(2) 游戏：快速变换队形——双圆队形、两路纵队、两列横队各 1 次。

动作要求：动作用力、声音洪亮，分清左右手和脚；快速起动换位，注意力集中。

练习要求：变换队形时不和同学发生身体碰撞。

设计意图：分清左右方位，体验快速起动。

(二) 准备部分（约 5 分钟）

1. 一般性准备活动：十二生肖操 12 节，每节 2×8 拍，教师和同学一起领做并及时提示动作要领

动作要求：动作形象，用力。

练习要求：听音乐和老师一起练习。

设计意图：培养学生的模仿能力并进行生理启动。

2. 专项准备活动：原地摆臂；弓步压腿；活动踝、腕、膝关节

动作要求：听口令充分活动身体。

练习要求：跟随老师一起练习。

设计意图：为主教材学习做好身体准备。

(三) 基本部分——主教材：自然站立式起跑（约 18 分钟）

1. 教师运用手势和语言指挥学生进行前、后、左、右四个方向的快速起动练习，并语言导入自然站立式起跑，练习 1—2 次后，逐步过渡到站立式起跑

动作要求：反应迅速，快速起动。

练习要求：注意力集中，动作迅速。

设计意图：身心投入，体验快速起动的身体感受。

2. 教师示范讲解自然站立式起跑技术动作，并结合动作挂图强调教学重点，观看视

频加深对动作表象和动作概念的理解

　　观察要求：仔细观察教师示范完整动作和动作挂图、动作视频。

　　听讲要求：认真听讲，边听边记边说出教学重点。

　　设计意图：练习之前先动脑，使学生初步形成完整的动作表象和概念，明确本课教学重点。

　3. 教师带领学生听口令，体会原地不同出脚、出手的自然站立式起跑动作各2—3次

　　动作要求：口令1——两脚前后开立站在起跑线后。

　　口令2——两腿稍弯曲，上体前倾，异侧手在体前，眼看前下方2—3米处。

　　口令3——后腿快速向前迈出一步，同时配合摆臂1次。

　　练习要求：学生听口令认真体会动作，并找出自己习惯的手和脚。

　　设计意图：分解练习逐步掌握动作，通过不同出手出脚的练习，引导学生确定自己更习惯更适合哪只脚和手在前。

　4. 教师引导学生把两张即时贴粘在自己确定的手臂上和脚面上

　　设计意图：利用目标参照，防止学生动作错误。

　5. 教师发"预备——跑"的口令，原地整合自然站立式起跑动作，练习3—4次

　　动作要求："预备"时，两脚前后开立，两腿稍弯曲，上体前倾，异侧手在体前，眼看前下方2—3米处；"跑"时，后腿快速向前迈出一步，同时配合摆臂一次。

　　练习要求：注意力集中，认真听口令做动作。

　　设计意图：初步体验完整起跑动作。

　6. 学生自喊口令，原地自主练习自然站立式起跑动作3—4次

　　动作要求：前脚异侧手在体前，后腿快速迈出一步。

　　练习要求：边练习边自我检查动作。

　　设计意图：自主练习，巩固动作，培养自我观察评价的能力。

　7. 男女生分别2人1组，互喊口令练习原地自然站立式起跑动作各3—4次

　　动作要求：注意力集中，快速反应，快速迈后腿。

　　练习要求：2人1组轮换练习，一人做一人发令，发令学生及时观察评价同伴动作。

　　设计意图：伙伴互帮互练，共同提高。

　8. 学生练习，教师巡视指导帮助，关注个别生，加强指导

　　设计意图：及时发现问题，及时纠正。

　9. 教师请5—8名学生表演动作，师生共同评价

续表

观察要求：认真看是否异侧手在体前，后腿是否迈腿快。

设计意图：树立榜样，自我改进，共同提高。

10. 学生分2组，听口令轮换练习起跑过3米线4—5次

动作要求：预备姿势正确，反应快，起动快。

练习要求：过线后分成8人1组，分别从两侧快速走回；前1组跑出，后1组跑至前1组的起跑线后停下。

设计意图：初步体验起跑后接快速跑，教师强调起动速度。

11. 教师发出不同信号，学生两人一组进行追拍游戏3—4次

动作要求：注意力集中，反应快，起动快。

练习要求：注意安全，拍到即可。

设计意图：活跃课堂气氛，提高学生快速反应能力。

12. 先后进行起跑过10米和15米线的"飞毛腿"比赛各2—3次

动作要求：不抢跑；起跑姿势正确；跑成直线。

练习要求：休息学生观察比赛学生的起跑动作，并加油鼓劲。

设计意图：结合快速跑，巩固起跑动作，活跃课堂气氛。

13. 学生练习中，教师及时用不同方式激励、表扬学生，调动学生练习积极性

设计意图：不断激励学生达成教学目标。

14. 教师小结学练情况，并颁发"飞毛腿奖"和"动作进步奖"

设计意图：物质激励学生，培养对跑的兴趣和信心。

（四）基本部分：游戏——播种（约11分钟）

1. 教师语言导入，创设春天播种的情境，引导各组排头戴上牛、马、羊、兔动物头饰

设计意图：使学生进入情境，进行心理启动。

2. 教师示范讲解游戏方法和规则

观察要求：仔细观察教师的示范动作，并记住规则。

设计意图：让学生明确游戏方法和规则，学会遵守规则。

3. 教师组织学生尝试性练习1—2次头上传递实心球

动作要求：双手须举过头顶向后传递。

设计意图：初步体验动作方法，进行生理启动。

4. 学生进行头上传递实心球比赛1—2次

比赛要求：遵守规则，相互配合。

续表

5. 学生进行胯下传递实心球比赛 1—2 次

动作要求：双手拿稳实心球，球不落地。

6. 各组学生研究制定获胜方法

设计意图：引导学生学会开动脑筋练习，学会解决问题。

7. 学生进行头上、胯下传递比赛 1—2 次

动作要求：注意力集中，配合默契。

8. 各组自选一种传递方法进行接龙传递 1—2 次

动作要求：传递后马上跑至队尾。

设计意图：加大难度，增强游戏气氛。

9. 教师小结游戏情况

（五）结束部分（约 3 分钟）

1. 放松练习：听儿童歌曲——小松树，大家互相拍打放松身体

动作要求：轻轻拍打上肢和下肢。

2. 教师小结并口头表扬部分学生

设计意图：总结学生掌握知识和技能的情况，激励学生继续努力学习。

3. 宣布下课，师生再见

4. 收拾器材

八、教学设计特点

（一）采用三种方式对学生进行激励与表扬

1. 口头表扬：动作标准奖、遵守纪律奖、动作进步奖、勇敢展示奖、帮助同学奖

2. 肢体接触表扬：教师用手摸摸学生的头，拍拍学生的肩，竖起大拇指

3. 物质表扬：发给学生小奖票

（二）教师讲解时做到通俗、具体、生动、形象、亲切和蔼，并"蹲下来"和学生交流

（三）通过对学生的动作、观察、练习、听讲提出具体要求，对学生进行相应的学法指导

（四）从课的开始部分就开始为主教材教学做铺垫

（五）游戏环节采用情境教学，运用十二生肖中的四种动物形象，跟准备部分的十二生肖操首尾呼应

（六）教学方法和教学手段多样、简单实用，符合二年级学生的年龄特点

续表

> 九、学习效果预计
>
> 本课设计严谨,教学步骤清晰,层次分明,重难点突出,教学方法灵活多样,教学手段实用有效,课堂气氛活跃,学生生动活泼,学习气氛浓厚。预计80%以上的学生能做到前脚异侧手在体前,反应迅速,起动快地完成自然站立式起跑动作。本课能较好地发展学生的上下肢、腰腹力量,发展速度、灵敏和协调素质,提高快速奔跑能力。
>
> 预计全课练习密度34%—38%。
>
> 预计全课平均心率126—135次/分钟。

(二)"自然站立式起跑"教学设计分析

该说课案例的教学设计内容比较完整,教学方法与教学手段丰富多样,有助于调动学生参与运动的积极性和主动性。注重对学生进行激励性教学,通过颁发"飞毛腿奖"和"动作进步奖"等给获得者进行奖励,能够更好地发挥评价的激励作用。

为进一步完善该教学设计,提出如下建议:

教学目标的设置最好能够关注到全体学生,除了文本中看到的针对80%的学生设置的教学目标,最好还要对剩余20%的学生设置相应的目标,尽可能地在目标设置方面关注到全体学生。

提高前后表述上的一致性,例如,在"主要教学方法"部分,"条件作业法"在前面一段介绍方法类型时未出现,但在对各类方法进一步解释的时候对其做了介绍。

部分地方可调整用词,语意会更加准确,如基本部分中有一环节是"同学表演",其中"表演"可用"展示"替换。又如,教学设计特点部分,"蹲下来"这个词并不是最佳表达用语。

在结构上个别地方还需要调整。如在教学过程的开始部分,将小游戏"金鸡独立"归属到"课堂常规"之中略显不当,因为本游戏并不属于课堂常规,也就是说,小游戏并非是常规要求的内容。

二、"障碍跑"说课文本分析

【案例来源】北京市海淀区实验小学

【说课教师】廉永军

【说课年级】小学五年级

【说课内容】障碍跑

(一)"障碍跑"教学设计

"障碍跑"教学设计文本

一、指导思想与理论依据

本课以"健康第一"为指导思想,以《义务教育体育与健康课程标准(2011年版)》为依据,以知识和技能传授为主线和载体,以身体练习为主要手段。从学生身体、心理和社会适应的三维健康观出发,以学生发展为中心,在充分重视学生主体地位的同时,积极发挥教师的主导作用,面向全体,关注个体,遵循循序渐进的教学原则,加强知识技能的传授和运动兴趣的培养。引导学生运用自主、合作和探究的学习方法,充分发挥学习的积极性、主动性,培养安全、协作的运动参与意识,为健康成长奠定基础。

二、教学背景分析

(一)教学内容分析

障碍跑,选自人民教育出版社《体育与健康》水平三教材,属于田径类——跑的项目。作为发展学生灵敏、协调和速度素质的一个内容,不同学段水平有不同的教学要求,如下:

续表

教学要求 内容	具体体现		
	水平一	水平二	水平三
跑进距离	20米以内	20—30米	30—40米
障碍数量	2个	2—3个	3—4个
完成方法	简易、安全地钻、跨	跨、跳、钻、翻、爬	运用已掌握的跨、跳、钻、翻、爬方法，创造新的过障碍方法
完成效果	协调、迅速	姿势合理，方法正确，安全、快速	合理控制重心，采用合理姿势，安全、快速、协调、连贯
运动价值	提高身体灵敏性、协调性，培养克服困难的精神	发展灵敏、速度素质，提高身体协调性	提高速度素质和身体灵敏性，培养克服困难、敢于挑战的精神

从表中可以看到，每个学段的学习都是在上一水平的基础上，不断提升教学要求，加大难度，促进提高。结合这些分析，本单元设三课次展开教学，本课为第三课次。

课次	技能目标	教学重难点
1	改进已掌握的障碍跑技能，学生在翻越障碍时基本做到——支撑提臀方法正确，姿势合理	教学重点： 支撑提臀翻越障碍时，方法正确、姿势合理 教学难点： 动作安全、灵敏、协调
2	进一步改进已掌握的障碍跑技能，学生在跳跃障碍时基本做到——前脚掌发力位置准确、有节奏	教学重点： 双脚跳越障碍时，前脚掌发力位置准确、有节奏 教学难点： 动作安全、灵敏、协调连贯

续表

课次	技能目标	教学重难点
3	巩固提高障碍跑技能,在障碍摆放方式改变的条件下,学生基本做到——跨越障碍蹬、跨姿势安全合理,协调连贯	教学重点: 　　跨越障碍时,蹬、跨姿势合理,方法正确 教学难点: 　　动作安全快速、重心平稳、协调连贯

(二) 学情分析

小学五年级学生,离青春期发育越来越近,由于身高的影响,重心控制难度变大。在灵敏性方面,会弱于三、四年级学生,教学中,要作为重点提示;在力量、速度和思维方面,优势增长,创新意识浓,喜欢新鲜且具有挑战性的运动项目,判断力、主见性增强,对于感兴趣的活动,参与欲望比三、四年级学生更为强烈;在获取信息方面,主要还是采取直观形象的思维方式感知事物。

本次授课班的五年级学生共有36人,文化底蕴普遍较高,身体素质和运动能力较好,他们头脑灵活、在感受新鲜事物方面较为突出,但班中有几名身体超重和肥胖的学生,需要在教学中给予特别关注。因此,本课将所学知识用游戏的方式呈现并作为主线,减少乏味性,采取探究、合作、自主的学习方式,生成技能授予学生。

根据学生身高和技能特点,会出现的问题和解决对策:

1. 动作不灵敏

解决对策:降低难度,做针对性练习。

2. 重心控制不稳

解决对策:尝试合理姿势,适当降低跑速。

三、教学目标(含重难点)

1. 巩固提高障碍跑技能,在障碍摆放方式改变的条件下,学生基本做到——跨越障碍蹬、跨姿势安全合理,协调连贯

2. 通过练习与游戏,发展学生速度、力量、灵敏与协调等身体素质,提高奔跑能力

续表

3. 在学练中培养学生敢于挑战、克服困难的精神，增强团结协作、与人交往的能力，养成重视安全、勤于动脑的良好习惯

教学重点：跨越障碍时，蹬、跨姿势合理，方法正确。

教学难点：动作安全快速、重心平稳、协调连贯。

四、教学过程与教学资源设计（可附教学流程图）

（一）教学方法

讲解示范法、观察练习法、分解练习法、区别对待法、纠正错误法、游戏比赛法。

（二）主要教学资源、手段

1. 主要教学资源

木钻架2个；跳箱2个；敏捷栏8个；小体操垫16块；提示板8张；软体栏架6个。

2. 主要教学手段

（1）利用圆形场地创设学生感兴趣的技能传授环境，激发参与兴趣。

（2）利用提示板，障碍跑时强调要领，明示探究小组分工，同时，在游戏中做转折标识，一物多用。

（3）利用探究方式，创新通过障碍的方法，借助限制物和自身肢体感受，促进技能的形成。

（三）教学流程图

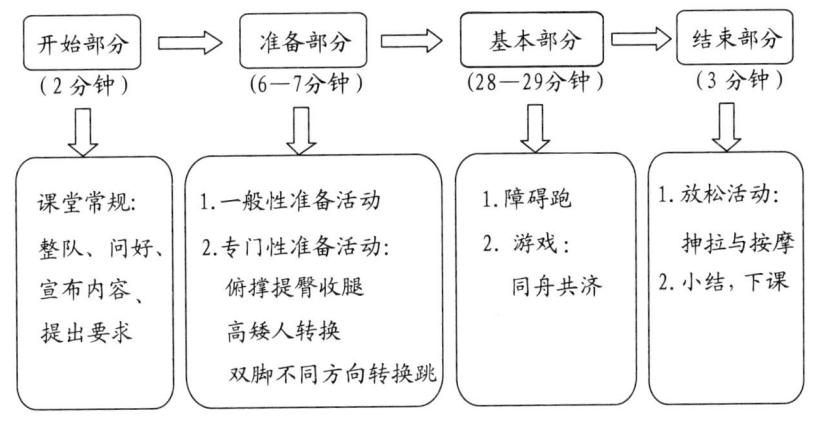

（四）教学场地图

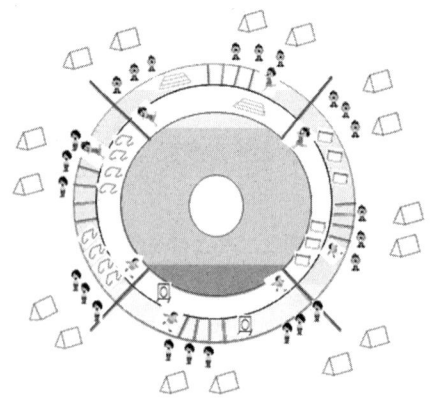

（五）教学过程

开始部分（2分钟）

组织：四列横队。

课堂常规：

（1）队长整队报告人数。

（2）师生问好。

（3）宣布本课内容、学习目标，提出本课要求。

（4）检查服装，安排见习生。

要求：安全参与、团结合作、不怕困难。

设计意图：使学生明确学习目标，为达成目标而积极主动参与。

准备部分（6—7分钟）

组织：四列横队散开队形。

1. 一般性准备活动

8节，每节4×8拍；教师领做，练习中随时提示要领。

（1）手腕、脚踝绕环；（2）提踵伸展；（3）体侧屈体；（4）体转绕肩；

（5）弓步压腿；（6）腹背触脚；（7）跳跃踢腿；（8）踏步整理。

要求：动作舒展、有节奏。

设计意图：完成热身，为后面的跑做准备，同时，渗透安全意识教育。

续表

2. 专门性准备活动

(1) 俯撑提臀收腿：2次。

(2) 高矮人转换：2次。

(3) 双脚不同方向转换跳：2次。

要求：认真听，认真看，安全快速。

设计意图：为障碍跑教学做准备。

基本部分（28—29分钟）

主教材：障碍跑（18—19分钟）

组织：利用圆形场地，分8组，每组4—5人。

1. 运用已掌握的障碍跑技能进行练习与比赛（1—2次）

要求：方法合理，安全通过，不串跑道。

设计意图：利用游戏竞争性特点，吸引学生注意，复习已掌握的障碍跑技能，为教学的深入开展做铺垫。

2. 探究通过障碍的新方法，并练习与比赛

(1) 小组探究，寻找安全快速通过障碍的方法。（进行分工安排，利用口诀进行指点）（2—3次）

要求：积极动脑，制定安全、快速通过障碍的小组方案。

设计意图：把自主权交给学生，学生通过探究与实践，自然生成新的知识和技能，发挥主体作用。

(2) 交流共享。（1次）

要求：大胆展示，突出成果。

设计意图：为各组探究的结果提供一个展示的机会，在教师主导的基础上，强化要领口诀，资源共享，共同提高。

(3) 达成共识，确定新的知识点，集体进行练习。

①左右跨越的动作顺序练习。（无限制和有限制）（各5—7次）

②原地的左右蹬、跨练习。（无限制和有限制）（各5—7次）

③上两步的左右蹬、跨练习。（无限制和有限制）（各5—7次）

要求：积极思考，专心练习。

续表

设计意图：针对展示结果，强化口诀，进行归纳总结，在变化中找相同和不同，在自然交流中确定新的知识点——左右跨越过障碍的方法，突出重点——蹬、跨姿势合理，方法正确，突破难点——动作安全快速、重心平稳、协调连贯。同时，进行技能学习。

（4）轮换场地练习体验。（1—2次）

要求：轮换有序，过障碍方法安全、合理。

设计意图：由于在探究"钻、跨、翻、跳"新的过障碍方法时，每个组只负责一项进行共享，不够全面，轮换场地练习刚好弥补这一缺陷，具有新鲜感，利于激发兴趣，促进四种技能共同提高。

（5）连过两个障碍的组间对抗赛。（1次）

要求：控制好重心和节奏，方法合理，安全通过。

设计意图：控制速度，运用新的方法过两个障碍，适当加大难度激发兴趣，提高重心平稳、安全、协调、连贯过障碍的技能。

（6）连过三个障碍的组间对抗赛。（1次）

要求：控制好重心和节奏，方法合理，安全较快通过。

设计意图：控制速度，运用新的方法过三个障碍，进一步加大难度激发兴趣，提高重心平稳、安全、协调、连贯、较快过障碍的技能。

（7）连过四个障碍的组间对抗赛。（1次）

要求：控制好重心、速度和节奏，方法合理，安全稍快通过。

设计意图：控制速度，运用新的方法过四个障碍，继续加大难度激发自主性，进一步提高重心平稳、安全、协调、连贯、稍快过障碍的技能。

（8）交换赛道过四个障碍的组间对抗赛。（1次）

要求：控制好重心、速度和节奏，方法合理，安全快速通过。

设计意图：更换赛道，变化环境条件，激发挑战欲，在运用新的方法过四个障碍过程中，巩固提高重心平稳、安全、协调、连贯、快速过障碍的技能。

3. 教师讲评

要求：专心听讲。

设计意图：总结学习情况，指出不足，提出希望。

续表

辅教材：游戏——同舟共济（10—11分钟）

组织：利用圆形场地，分8组，每组4—5人。

1. 教师讲解游戏方法与规则

游戏方法：

比赛开始前，参赛队员在起跑线上做好准备，每组两个渡河工具，裁判发令后，四名队员站在一个工具上，交替前进，队员落地则重新开始，最后最快完成的队获胜。

游戏规则：

（1）听口令统一开始。

（2）身体任何部位都不能触到河。否则，重新开始。

（3）直至所有成员渡河成功才算结束。

要求：认真听讲，细心观察。

设计意图：明确游戏方法与规则，为后面的练习与比赛做准备。

2. 分组练习体验（1—2次）

要求：遵守规则，服从指挥。

设计意图：在实践中熟悉游戏方法与规则，加强规则意识，为下面的比赛做准备。

3. 小组对抗赛

（1）7米往返（2—3次）。

（2）9米往返（1—2次）。

要求：遵守规则，团结守信，安全行动。

设计意图：利用距离的变化，提出挑战，增进学生主动参与的积极性，提高活动的实效。

4. 教师讲评

要求：专心听讲。

设计意图：针对比赛结果进行讲评，鼓励大家，提出希望。

结束部分（3分钟）

组织：同上圆形队。

1. 放松活动：抻拉与按摩（60秒）

要求：专心听讲，动作放松舒展。

设计意图:在教师的带领下愉快投入,使身心得到充分的放松。

2. 师生小结,布置作业

要求:专心听讲,主动发言。

设计意图:梳理一节课的收获,肯定成绩,指出不足,提出希望,课后提高。

3. 师生再见,收拾器材

五、学习效果评价设计

1. 教师对学生学习障碍跑知识、技能及其效果进行及时、具体的评价,总结掌握技能的优缺点,提出改进方法与手段;在改变障碍摆放方式的情况下,学生四至五人一组,互相探究、互相观察,师生、生生间互相评价与展示,基本做到跨越障碍蹬、跨姿势协调连贯、安全合理,通过时重心平稳、快速

2. 通过对教学组织、教法步骤的层次化设计,预计全课的练习密度为32%—37%

3. 通过不同强度的练习安排,预计全课平均心率为120—130次/分钟

六、教学设计特色说明

设计特色	具体说明
学生主体突出	本课在主教材教学中,以游戏为主线,采取学生探究、合作与自主学习相结合的方式,充分发挥学生主体作用,培养了创新意识,促进了知识与技能的自然生成。

场地运用科学	1. 本课采用不同半径的同心圆教学,利于学生观察、学习和比赛
	2. 促进了弯道跑技能在实践中的运用
	3. 比方形场地节省了3/4的障碍器材(按现在的8个小组计算)
	  圆形场地:2个木钻架;6个软体栏架;2个跳箱;8个敏捷栏
	  方形场地:8个木钻架;24个软体栏架;8个跳箱;32个敏捷栏
	4. 两条同心圆跑道,利用道差画出四条不同位置的起跑线,体现竞赛的公平性,感受赛场的真实氛围(1/4圈距离;2/4圈距离;3/4圈距离;1圈距离)

续表

设计特色	具体说明
器材使用多元	1. 教学中,每个组起始障碍器材不同,使场地内所有障碍没有闲置,得到充分利用 2. 场地的轮换,改变了每个组障碍摆放的顺序,在充分利用器材的同时,激发了学生的挑战欲望 3. 教学中,提示板、小垫子在技能学习和游戏中重复使用,做到了一物多用,有效方便了教学
技能评价到位	本课技能评价方面,结合学生年龄特点,采取自评(身体重心控制和速度)、互评(动作安全性、协调连贯性)相结合的方式,评价内容具体,便于操作。

"障碍跑"课时教学计划

年级:五年级　　　学生:36人

教材内容: 1. 障碍跑　2. 游戏:同舟共济

课的目标:

1. 巩固提高障碍跑技能,在改变障碍摆放方式的条件下,学生基本做到跨越障碍蹬、跨姿势安全合理,协调连贯

2. 通过练习与游戏,发展学生速度、力量、灵敏与协调等身体素质,提高奔跑能力

3. 在学练中培养学生敢于挑战、克服困难的精神,增强团结协作与人交往的能力,养成重视安全、勤于动脑的良好习惯

部分	课的内容	运动负荷		组织教法与要求
		时间	次数	
开始部分(2′)	一、常规 1. 队长整队报告人数 2. 师生问好 3. 宣布本课内容、学习目标,提出本课要求 4. 检查服装,安排见习生			组织: 四列横队如图 ○　○　○　○　○　○ ○　○　○　○　○　○ ＊　＊　＊　＊　＊　＊ ＊　＊　＊　＊　＊　＊ ★ 要求:安全参与、团结合作、不怕困难。

续表

部分	课的内容	运动负荷		组织教法与要求
		时间	次数	
准备部分（6′—7′）	二、一般性准备活动 1. 手腕、脚踝绕环 2. 提踵伸展 3. 体侧屈体 4. 体转绕肩 5. 弓步压腿 6. 腹背触脚 7. 跳跃踢腿 8. 踏步整理	3′—4′	每节4×8拍	组织：　　四列横队散开 o　o　o　o　o　o o　o　o　o　o　o ＊　＊　＊　＊　＊　＊ ＊　＊　＊　＊　＊　＊ ★ 教法： 1. 教师提出要求 2. 随教师节拍练习 要求：动作舒展、有节奏。
	三、专门性准备活动 1. 俯撑提臀收腿 2. 高矮人转换 3. 双脚不同方向转换跳	3′	2 2 2	教法： 1. 教师示范提示 2. 随节拍师生互动练习 要求：认真听，认真看，安全快速。

续表

部分	课的内容	运动负荷		组织教法与要求
		时间	次数	
基本部分（27'—28'）	四、障碍跑 方法：在跑进过程中，运用钻、跨、翻、跳等技能，安全、迅速地通过障碍物。 要领口诀： 观察障碍早判断， 姿势合理战困难， 身体重心控制好， 安全快速向前跑。 教学重点： 跨越障碍时，蹬、跨姿势合理，方法正确。 教学难点： 动作安全快速、重心平稳、协调连贯。 常见问题： (1) 动作不灵敏。 纠正方法： ①降低难度。 ②做针对性练习。	18'—19'	 1—2 2—3 1 5—7 5—7 5—7 1—2 1 1	组织： 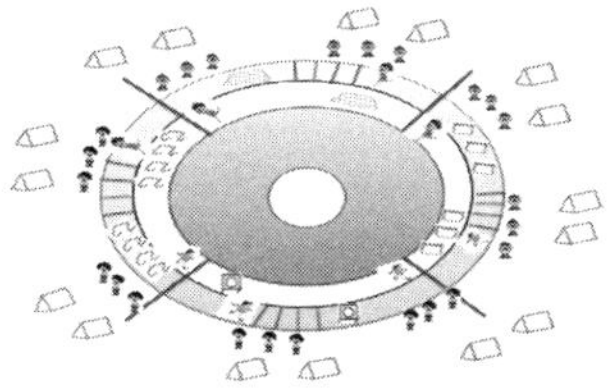 （图示） 教法： 1. 运用已掌握的障碍跑技能进行练习与比赛 2. 探究通过障碍的新方法，并练习与比赛 (1) 小组探究，寻找安全快速通过障碍的方法。（进行分工安排，利用口诀进行指点） (2) 交流共享。 (3) 达成共识，确定新的知识点，集体进行练习。 ①左右跨越的动作顺序练习。 ②原地的左右蹬、跨练习。 ③上两步的左右蹬、跨练习。 （先无限制，再有限制） (4) 轮换场地练习体验。 (5) 连过两个障碍的组间对抗赛。 (6) 连过三个障碍的组间对抗赛。

续表

部分	课的内容	运动负荷		组织教法与要求
		时间	次数	
基本部分（27′—28′）	（2）重心控制不稳。 纠正方法： ①尝试合理姿势。 ②适当降低跑速。 五、游戏：同舟共济 1. 游戏方法 比赛开始前，参赛队员在起跑线上做好准备，每组两个渡河工具，裁判发令后，四名队员站在一个工具上，交替前进，队员落地后重新开始，最后最快完成的队获胜。 2. 游戏规则 （1）听口令统一开始。 （2）身体任何部位都不能触到河。否则，重新开始。 （3）直到所有成员渡河成功才算结束。	9′—10′	1 1 1—2 2—3 1—2	（7）连过四个障碍的组间对抗赛。 （8）交换赛道过四个障碍的组间对抗赛。 3. 教师讲评 要求： 1. 教师随时辅导 2. 合作探究，主动、积极 3. 有序参与，安全避让 组织：利用圆形场地向内进行练习。  教法： 1. 教师提示游戏方法与规则 2. 分组练习体验 3. 小组对抗赛 （1）7米往返。 （2）9米往返。 4. 教师讲评 要求： 遵守规则，团结守信，安全行动。

续表

部分	课的内容	运动负荷		组织教法与要求
		时间	次数	
结束部分(3′)	六、放松活动 伸拉与按摩 七、师生小结，布置作业 八、师生再见 九、收拾器材	1′	3—5	组织：利用圆形队。 教法： 1. 教师提示方法 2. 生随师活动 要求：专心听讲，动作放松舒展。 组织：同上放松队形。
器材	木钻架2个；跳箱2个； 小体操垫16块；提示板8张； 敏捷栏8个；软体栏架6个。	练习密度预计		32%—37%
		平均心率预计		120—130次/分钟

运动负荷曲线预计	(图：次数曲线，横轴0—45分钟，纵轴0—160次)	场地设计 (圆形场地示意图)

安全措施	1. 为了避免学生在练习中受伤，要教育学生按要求认真完成各项准备活动 2. 在做练习时，要强调纪律，强化安全保护意识，严禁学生无秩序活动 3. 分组练习时，合理安排练习空间，避免因练习空间过小而互相影响造成伤害 4. 在危险障碍周边设置软保护

（二）"障碍跑"教学设计分析

说课案例"障碍跑"的教学设计，内容较为丰富，结构较为完整，特点也比较鲜明，而且安全措施比较明确具体，为说课提供了比较详细的文本材料。为了更进一步规范教学设计文本，以下几方面有待进一步完善。

第一，要确保教学设计文本中前后时间安排的一致性，如"基本部分"时间安排，教学设计前面的"教学过程"中是28—29分钟，"教案"中的该部分时间是27—28分钟。

第二，重难点的确定要尽可能地精准。该节课对重点的描述是："跨越障碍时，蹬、跨姿势合理，方法正确。"这样的表达方式更像是难点，因为难点是完成动作或技术要达到的效果。因此，重点的表达方式可以调整为"障碍跑的蹬、跨动作"。

第三，教学流程图尽可能地聚焦在基本部分尤其是主教材的教学流程。该设计的教学流程更像是课的流程。要突出主教材的教与学，就需要将"障碍跑"的教学流程进一步细化。

第四，精简教学设计内容，由于教学设计文本最后是一份完整的课时计划（即教案），再加上将障碍跑的教学流程具体化，因此，"教学过程"部分要尽可能地简化，可以将该部分与教学流程和课时计划进行整合。

三、"发展跳跃能力的练习与游戏"说课文本分析

【案例来源】 清华大学附属小学

【说课教师】 任海江

【说课年级】 小学三年级

【说课内容】 发展跳跃能力的练习与游戏

（一）"发展跳跃能力的练习与游戏"教学设计

一、指导思想与理论依据

本课以"健康第一"为指导思想，以《义务教育体育与健康课程标准（2011年版）》的基本理念为理论依据。在教学过程中，力图以"游戏闯关"的情景贯穿本课的始终，突出趣味性和多样性。课堂教学以传授知识、技能和方法为主线，以身体练习为主要手段，以学生发展为中心，充分体现学生主动学习、掌握运动技能的教与学的过程。选用灵活多样的教学方法和实用有效的教学手段，针对学生之间的差异进行分层递进的教学，注重分层评价，使每个学生都享受到练习的乐趣和成功的喜悦，身心得到发展和满足，并达成本课教学目标。

二、教学背景分析

（一）教学内容分析

发展跳跃能力的练习与游戏，是人教版教材水平二的内容，是跳跃的基本教学内容。目的是通过游戏的形式，激发学生参与学练的兴趣，使学生在游戏化的氛围中，获得各种跳跃的动作体验，使学生通过练习发展力量、灵敏素质和身体协调性，提高空间感知能力。本课是单元计划两课次的第一次课，第一次课注重原地起跳的练习，第二次课注重助跑起跳的练习。蹬地有力、上下肢协调配合、落地轻巧是本单元的一个教学重点。学生通过练习，为以后学习急行跳远和跨越式跳高打下基础。

单元课次（本单元共两次课，本课为第一次课）

课次	教学目标	教学重难点	组织教法与措施
1	1. 初步学习发展跳跃能力练习与游戏的动作方法，使85%左右的学生掌握动作，做到蹬地有力、上下肢协调配合、落地轻巧 2. 发展学生力量、灵敏素质和身体协调性，提高跳跃和手臂支撑能力 3. 使学生树立自信心，勇于展示和挑战自我，培养学生团结合作的优良品质	重点：蹬地有力、动作连贯、落地轻巧 难点：上下肢协调配合	1. 学生尝试应用不同方法跳上、跳下两层体操垫 2. 学生展示 3. 集体练习原地单、双脚跳上、跳下、跳过两层体操垫 4. 学生两人一组练习原地双脚跳上、跳下、跳过三层和四层体操垫 5. 教师示范动作，并讲解动作要点及重难点 6. 四人一组合作式、讨论式练习 7. 分组展示 8. 尝试加助跑跳跃一定高度的练习 9. 通关跳远赛 10. 教师小结

续表

课次	教学目标	教学重难点	组织教法与措施
2	1. 进一步学习发展跳跃能力练习与游戏的动作方法，使95%左右的学生掌握动作。做到蹬地有力、动作协调连贯、落地轻巧 2. 发展学生力量、灵敏素质和身体协调性，提高跳跃和手臂支撑能力 3. 使学生树立自信心，勇于展示和挑战自我，培养团结合作的优良品质	重点：蹬地有力、动作连贯、落地轻巧 难点：动作协调连贯	1. 学生集体复习原地单、双脚跳过两层体操垫 2. 学生两人一组练习原地双脚跳过三层、四层体操垫 3. 学生尝试性练习跑几步单脚起跳，双脚落地跨过一定高度的体操垫 4. 教师示范动作，并讲解动作要点 5. 学生集体练习 6. 四人一组合作式、讨论式练习 7. 优秀组进行展示 8. 创新游戏看谁跳得高、远 9. 教师小结

（二）学生情况分析

生理特点：三年级学生正处在身体发育的旺盛阶段，身体协调性较好，下肢力量明显增强，因此是全面发展身体素质、提高跳跃能力的良好时期，而且学生可塑性强，能够掌握本单元所选内容。

心理特点：三年级学生正处于身心发展的关键期，对于直观的、趣味性的、挑战性的学习内容兴趣较高。他们思维能力、团体意识逐渐增强，喜欢表现自我、展示自我。因此，在教学中我多采用独立完成动作、合作式、讨论式练习进行教学，以此来激发学生的学习兴趣。

运动基础：本课的授课对象是我校三年级（2）班的学生，共有32人。其中有2名较胖的学生，2名协调性较弱的学生，在学练过程中需要老师和其小伙伴多予以帮助。从他们掌握"单、双脚跳跃能力"技术测评情况看，70%左右的学生能够较好地掌握技术动作，30%左右的学生还存在下肢力量不足、协调性弱、蹬地无力等问题。所以在本节课中要充分利用好这70%的学生，为分层教学提供支持，多关注那30%的学生，让其在原有基础上有提高。

续表

三、教学目标（含重难点）
1. 初步学习发展跳跃能力练习与游戏的动作方法，使85%左右的学生掌握动作，做到蹬地有力，上下肢协调配合，落地轻巧 2. 发展学生力量、灵敏素质和身体协调性，提高跳跃和手臂支撑能力 3. 树立自信心，勇于展示和挑战自我，培养学生团结合作的优良品质 重点：蹬地有力、动作连贯、落地轻巧。难点：上下肢协调配合。
四、教学过程与教学资源设计（可附教学流程图）
教学资源： 36块小体操垫、CD机一台、8个标志碟。 教学流程图：

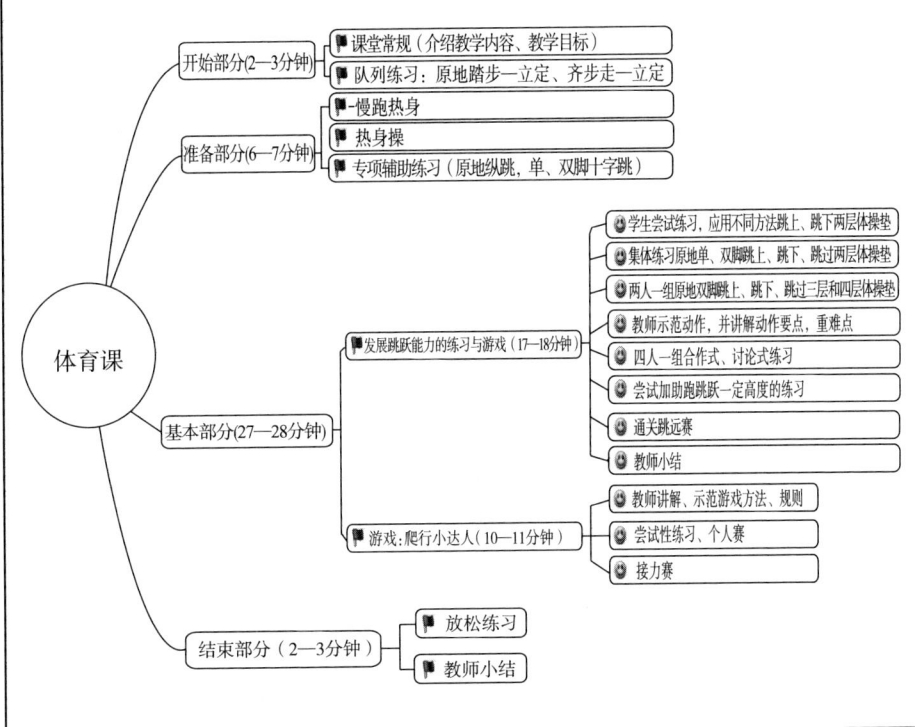

续表

教学过程（如下）：				
年级：三年级　教师：任海江　课次：第一次课				
教材	1. 发展跳跃能力的练习与游戏 2. 游戏：爬行小达人			
教学目标	1. 初步学习发展跳跃能力练习与游戏的动作方法，使85%左右的学生掌握动作，做到蹬地有力，上下肢协调配合，落地轻巧 2. 发展学生力量、灵敏素质和身体协调性，提高跳跃和手臂支撑能力 3. 使学生树立自信心，勇于展示和挑战自我，培养团结合作的优良品质			
课的部分	课的内容	运动负荷		教师组织指导与学生学习活动
		时间	次数	
开始部分 (2′—3′)	一、课堂常规 1. 体委整队，报告人数 2. 师生相互问好 3. 宣布教学内容和目标，提出教学要求 4. 检查服装，安排见习生 二、队列练习 1. 原地踏步—立定 2. 齐步走—立定	20″ 30″	1—2 1—2	组织：四列横队集合。 ⊙⊙⊙⊙⊙⊙⊙⊙ ⊙⊙⊙⊙⊙⊙⊙⊙ ♀♀♀♀♀♀♀♀ ♀♀♀♀♀♀♀♀ △ 要求：集合快、静、齐。 教法与学法： 1. 介绍课的目标和教学内容，鼓励学生达成学习目标 2. 教师喊口令，学生做队列练习 要求：动作规范、精神饱满。
准备部分 (6′—7′)	一、慢跑热身 二、热身操（八节） 第一节：头部运动 第二节：肩部运动 第三节：体侧运动 第四节：体转运动	1′30″	1	组织（如下图）： 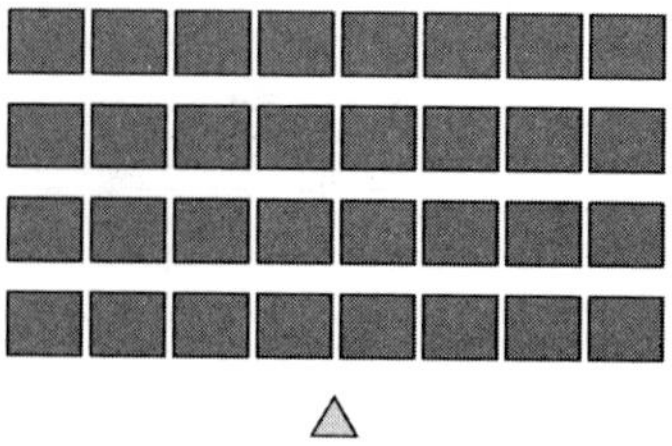 ■■■■■■■■ ■■■■■■■■ ■■■■■■■■ ■■■■■■■■ △

续表

课的部分	课的内容	运动负荷		教师组织指导与学生学习活动
		时间	次数	
准备部分 (6'—7')	第五节：腹背运动 第六节：下蹲运动 第七节：跳跃运动 第八节：腕踝运动 三、专项辅助练习 原地纵跳 单、双脚十字跳	2'30" 40" 40"	4×8 5—6 5—6	教法与学法： 1. 教师带领学生进行慢跑热身 要求：队形整齐，安全通过。 2. 教师领做并提示要领，学生跟做热身操 要求：拍节准确，动作到位，富有节奏感。 3. 教师领做专项练习 要求：蹬地有力，蹬摆配合协调。
基本部分 (27'—28')	一、发展跳跃能力的练习与游戏 动作方法（口诀）： 要想跳得高和远， 蹬地有力需连贯， 上肢下肢齐配合， 轻巧落地更安全。 发展学生跳跃能力的练习与游戏  重点：蹬地有力、动作连贯、落地轻巧。 难点：上下肢协调配合。	30"	2—3	组织（如下图）： 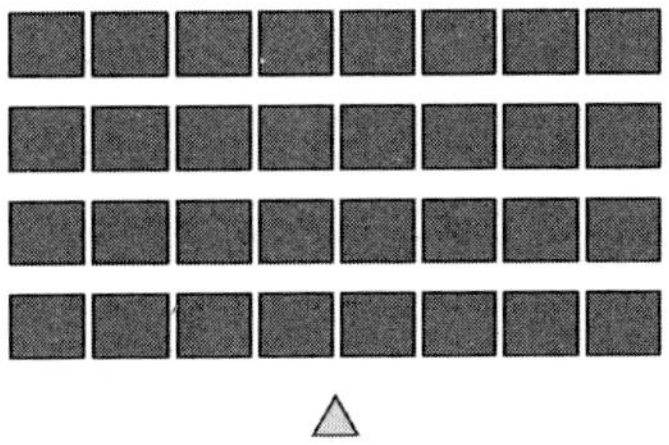 教法与学法： 1. 学生尝试应用不同方法跳上、跳下两层体操垫 要求：敢于尝试、勇于创新、注意安全。 2. 学生进行展示 要求：勇于展示，认真观察，抓住重点。

续表

课的部分	课的内容	运动负荷		教师组织指导与学生学习活动
		时间	次数	
基本部分 (27′—28′)	重点：蹬地有力、动作连贯、落地轻巧 难点：上下肢协调配合。	2′	8—9	3. 在教师口令下集体练习原地单、双脚跳上、跳下、跳过两层体操垫。教师巡视，提示动作要点，辅导个别学生。教师及时评价鼓励 要求：蹬地有力、动作连贯、落地轻巧。
		2′	7—8	4. 学生两人一组练习原地单、双脚跳上、跳下、跳过三层和四层体操垫。教师巡视，提示动作要点，辅导个别学生，教师及时评价鼓励 要求：蹬地有力、动作连贯、上下肢协调配合。 5. 教师示范，结合口诀讲解动作方法、动作要点、教学重难点 要求：认真听讲，抓住重点，进一步理解上下肢协调配合。
		1′	3—4	6. 四人一组进行合作式、讨论式练习，在能力范围内自选高度进行通关，教师巡视指导 要求：互相观察，互相评价，互相提出改进措施。
		1′	1—2	7. 分组展示，采用不同形式评价（自评、互评、教师评） 要求：蹬地有力、动作连贯、落地轻巧，上下肢协调配合。

续表

课的部分	课的内容	运动负荷		教师组织指导与学生学习活动
		时间	次数	
基本部分 (27′—28′)	二、游戏：爬行小达人 游戏方法：分八组，每组四人，各站成一路纵队在起跑线后。游戏开始，爬过体操垫，仰卧屈体两手反支撑爬到标志碟处，然后快速起立返回终点。先回到起跑线者获胜。 游戏规则： 1. 不抢爬，不越线，击掌后才能爬 2. 按规定路线行进 3. 按指定方法完成比赛	30″ 1′ 1′30″ 2′30″ 3′	1—2 1—2 1 1—2 1	8. 学生尝试加助跑跳跃一定高度的练习 要求：勇于尝试、蹬地有力、上下肢协调配合。 9. 通关跳远赛（跨过3个格子得1分，跨过4个格子得2分，跨过5个格子得3分） 要求：勇于尝试，上下肢协调配合，注意安全。 10. 教师小结：指出技术动作掌握情况，提出改进措施 组织：分八组，每组四人。 教法与学法： 1. 教师示范、讲解游戏方法、规则 2. 学生分组进行尝试性练习 3. 分组个人争先赛 要求：发展个性，勇于争先。 4. 小组接力赛 要求：讨论战术，团结协作。

续表

课的部分	课的内容	运动负荷		教师组织指导与学生学习活动
		时间	次数	
结束部分 (2′—3′)	一、放松活动 二、小结本课 小结本课目标完成情况。 三、宣布下课，师生再见，收拾器材	1′30″	1	一、组织：四列横队，呈体操队形散开 二、学法与教法 1. 跟着音乐师生同做放松练习 2. 学生说本课的收获和体会 3. 教师小结 三、要求：欢快，身心放松
器材	1. 36块小体操垫 2. CD机一台 3. 8个标志碟	运动负荷生理曲线预计		全课练习密度 35%—38% 全课平均心率 126—130次/分钟
课后小结				

续表

五、学习效果评价设计

本课为了促进学生认真学习，积极锻炼，身心都得到发展和满足，在教学过程中设计了多种学习效果评价，很好地达成了教学目标。

在设计教学过程中，本课教师对学习跳跃知识、掌握跳跃技能情况进行了及时的口头评价，对完成动作质量存在问题的同学，提出改进的措施。练习过程中，同学之间、同组之间进行互相观察，互相评价，互相提出改进措施，采用多元化形成性评价（自评、互评、教师评）。

本课85%左右的学生能够很好地掌握跳跃的动作方法，做到蹬地有力、上下肢协调配合、落地轻巧，能较好地达成本课的教学目标。

预计全课练习密度为35%—38%，全课平均心率为126—130次/分钟。

六、教学设计特色说明与教学反思

教学设计特色说明：

（1）在教学过程中，力图以"游戏闯关"的情景贯穿本课的始终，突出了运动的趣味性和多样性。让学生们在玩中学、学中练，提高了教学的实效性，关注到了每一位学生。既突出了技能教学，加大了练习密度，又抓住了三年级学生的特点，让学生真正成了课堂的主人。同时，教师的主导作用充分地发挥，学生在教师的引领下积极主动地进行学习，很好地完成了教学任务。

在课的基本部分中，教学方法层次分明，由易到难，循序渐进，大大提高了本课的练习密度和强度，让学生出了汗，有兴趣，很好地提高了跳跃能力，并逐步由趣味教学向技能教学过渡和延伸。在学习过程中，学生自主练习、小组合作练习的能力都得到了锻炼，积极探究的意识进一步激活。

（2）为了增加学生的练习机会（练习次数和时间），我在精讲多练、讲练结合的基础上，精心设计场地、器材。主教材发展跳跃能力的练习与游戏场地向前走就是游戏"爬行小达人"的场地，调队省时、方便、快捷，节约时间，为学生创造了更多的练习机会。在本课器材中，小垫子的使用贯穿始终，体现了一物多用。

教学反思：

教学过程中还存在一些需要改进之处，应根据学生各自不同的身体条件、运动能力做到因材施教，注重个体差异，使每一个学生都体验到体育学习和活动的成功感，多鼓励他们克服困难，树立信心，使所有学生都取得不同程度的进步和发展。

个别学生协调性和跳跃能力较弱，导致动作没有较好完成，因此课下需要加强对他们的辅导，让他们持续提高。

（二）"发展跳跃能力的练习与游戏"教学设计分析

任海江老师的这节课，教学设计内容比较丰富，格式比较规范，各环节的练习设计比较合理。整个文稿内容分为六大部分，和别的教学设计不同的是，该设计将课时计划紧跟教学流程之后，而未单列一项课时计划或教案，使得整个教学设计完整性更突出。学情从生理特点、心理特点、运动基础三方面描述与分析也比较清晰。为进一步优化该教学设计，笔者提出如下建议：

第一，重难点的表述还可以再精准些。尤其是重点，目前将其描述为"蹬地有力、动作连贯、落地轻巧"，是属于教学效果方面，这更适用于描述难点。

第二，教学目标中的人群范围应扩展到全班学生。本设计的目标设置了"使85%左右的学生掌握动作，做到蹬地有力，上下肢协调配合，落地轻巧"，而缺乏针对剩余15%左右的学生的教学目标，这少数人的教学目标应更高还是更低，由于没有呈现，所以难以判断。

第三，课的结束部分"放松活动"，应尽量具体，写清楚通过什么方式放松，这样可以更进一步判断放松活动做得是否充分，放松活动内容是否安排适宜。

第四，"教学设计特色说明"要先做一个高度的概括，然后再进一步说明是什么样的特色。这样在说课的时候，也能够让听众一下子就能明确这次说课的教学设计特色。

第五，作为一份完整的教学设计，最好增加"安全防范措施"，提高课的安全性。如果课的内容安全隐患比较突出，而安全措施又比较得力，那么可以在说课的时候做一描述；如果课的安全隐患较小，且一般的防范能够避免安全事故发生，为了节省说课时间，说课的时候可以不提及。

四、"小篮球—行进间双手胸前传接球"说课文本分析

【案例来源】中关村第二小学
【说课教师】张丽伟
【说课年级】小学五年级
【说课内容】小篮球—行进间双手胸前传接球

(一)"小篮球—行进间双手胸前传接球"教学设计

单元教学设计	
单元学习主题	小篮球—行进间双手胸前传接球
一、单元教学设计说明	
理论依据 小篮球运动具有集体性、趣味性和竞争性特点,深受少年儿童的喜爱,是小学体育与健康课球类教材的重要教学内容。本单元以"健康第一"为指导思想,以学生发展为中心,注重学生的心理健康与身体健康协调发展。同时,《义务教育体育与健康课程标准(2011年版)》中指出,水平三学生的球类学习要掌握组合动作,因此,本单元教师将创设比赛情境,突出篮球运动的集体性和合作性特点,让学生在活动中体会技术动作,篮球教学贯穿小学一至六年级,低年级以游戏为主,中年级以学习基本技术为主,高年级则需要在提高技术的基础上,学习在比赛情境中连贯完成组合动作。 行进间传接球是比赛中快速进攻的主要技术动作,本单元主要学习行进间双手胸前传接球技术,这一技术是在学生掌握了原地双手胸前传接球技术的基础上学习的,也是学习其他战术的基础。另外,行进间传接球是需要配合才能完成的动作,通过练习不仅能够提高学生对距离、速度的判断能力,提高控球能力和无球跑位意识,还能够培养相互配合的精神,形成合作意识。我校五年级学生在前期已经初步掌握了运、传、投等基本动作,对篮球运动很感兴趣,经常在课下自发组织小组比赛,但比赛时经常合作意识不够。因此本单元将以比赛活动贯穿全程,让学生在运用中提高技术,学会合作。	

续表

二、单元学习目标与重难点

（一）单元学习目标

1. 能说出小篮球的技术术语、基础知识及简单的比赛规则，能用语言描述行进间双手胸前传接球的动作要领，85%以上的学生能够配合完成行进间传接球的动作方法

2. 提高速度、力量、灵敏等身体素质，以及观察和快速判断能力

3. 积极主动参与练习、游戏及比赛，做到遵守规则、团结协作，体验小篮球活动的乐趣

（二）单元教学重点

传球时，结合接球人的位置、速度和时机，准确地将球传出；接球时能迎球跨步接球。

（三）单元教学难点

准确判断距离和速度，传球到位接球稳。

三、单元整体教学思路（教学结构图）

课次	教学目标	教学重难点
一	1. 初步体验行进间双手胸前传接球的动作，80%左右的学生能够在慢速跑动中做到跨步接球、迈步传球 2. 发展下肢、腰腹力量，提高跳跃能力 3. 乐于参与练习，培养团结协作及自觉遵守规则的意识和能力	教学重点：跨步接球、迈步传球 教学难点：传接球协调到位
二	1. 进一步学习行进间双手胸前传接球的动作，85%以上的学生能够在中速跑动中做到连续传接不失误 2. 发展灵敏、速度素质和身体协调性 3. 乐于参与练习，遵守比赛规则，积极与同伴交流	教学重点：跑动中侧身传接球 教学难点：上下肢协调用力
三	1. 巩固提高行进间双手胸前传接球的动作方法，90%以上的学生掌握行进间双手胸前传接球的技术动作，并能成功地完成助攻 2. 发展学生的灵敏、速度素质及跳跃、协调能力 3. 培养战胜困难、勇于取胜的坚强品质，培养学生的自主团结协作能力	教学重点：对接球人速度的判断 教学难点：传接球到位，手脚协调用力

续表

课次	教学目标	教学重难点
四	1. 通过比赛提高学生技术运用能力，90%以上的学生能够做到传球准确、接球稳，并完成进攻 2. 发展学生的力量、速度、耐力、弹跳、灵敏等运动素质 3. 培养战胜困难、勇于取胜的坚强品质，培养学生的自主团结协作能力	教学重点：传球快、准，接球稳 教学难点：传接球动作与脚步动作协调配合
五	1. 学生能够在篮球比赛中将传接球与投篮动作组合运用，有球队员和无球队员互相配合 2. 发展学生的灵敏、速度素质及观察判断能力 3. 培养战胜困难、勇于取胜的坚强品质，培养学生的自主团结协作能力	教学重点：技术的合理运用 教学难点：同伴之间的默契配合

四、课时教学设计

课 题	小篮球—行进间双手胸前传接球
课 型	新授课☑　　章/单元复习课☐　　专题复习课☐ 习题/试卷讲评课☐　　学科实践活动课☐　　其他☐

五、教学内容分析

篮球传接球技术在比赛中有各种运用方式，都具有快速、准确和隐蔽性特点。对于上肢力量不足的小学生来说，双手胸前传接球技术便于掌握，需要有较高的准确性，行进间双手胸前传接球技术与原地传接球技术动作基本一致，但学生要重点掌握跨步接球、迈步传球的动作，了解中枢脚概念，避免出现走步违例。

本节课是单元第一次课，主要有三个学习内容：第一，初步体会行进间胸前传接球动作，让学生学会观察分析行进间传接球和原地传接球动作的区别，建立动作表象，并体验侧身慢速跑动传接球，初步掌握跨步接球、迈步传球的动作。第二，通过运球+投篮、传接球+投篮等组合动作练习，提高控球能力，为单元后期的比赛打好基础。第三，通过教学使学生掌握一些篮球基本知识、技术和技能，发展身体的灵活性和控球能力，为中学继续学习篮球运动做好准备。在课课练中根据学生上肢力量不足的情况，安排有针对性的俯卧爬行练习，发展学生的力量素质。培养合作探究学习的能力和团队意识。

六、学情分析

小学五年级学生的身体发育正处于两个生长发育高峰之间的相对平稳阶段。他们已经有了独立思考的能力，希望获得老师和同伴的认可，有团队意识和与他人合作的愿望。另外，学生的评价能力有所提高，能够理解规则，并通过对照、反思，比较客观地对自己和他人进行评价。我所教授的班级的学生都喜爱篮球这个项目，男生更是热衷于篮球比赛。他们已经学习了运球、传接球和投篮等动作，有一定控球能力，熟悉并能遵守篮球课的纪律要求，对走步违例有了一些了解。在本节课学习中预计部分学生会出现走步、传球不准、上下肢不协调等问题，教师将通过有针对性的教法帮助学生掌握动作，但在传球方面仍有部分学生存在动作不连贯、上下肢配合不协调等问题。在本节课学习行进间双手胸前传接球的技术时，预计学生会出现以下问题：①传球不到位，②接球不稳，③走步。我将通过以下方法进行纠正：

(1) 多进行原地传接球练习，提高动作连贯性和力度控制能力。

(2) 针对"接球不稳"的问题，提示学生伸手迎球，接球缓冲，练习时集中注意力。

(3) 针对"走步"问题，让学生明确中枢脚概念，同时用口令提示帮助学生体会传接球时机。

七、学习目标确定

1. 初步体验行进间双手胸前传接球的动作，80%左右的学生能够在慢速跑动中做到跨步接球、迈步传球。
2. 发展下肢、腰腹力量，提高身体协调性和控球能力。
3. 乐于参与练习，培养团结协作及自觉遵守规则的意识和能力。

八、学习重难点

教学重点：跨步接球、迈步传球

教学难点：传接球协调到位

九、学习评价设计

行为表现	非常符合	比较符合
原地传接球动作连贯，传得准、接得稳		
跨步接球、迈步传球节奏清晰		
友好合作，互相鼓励		
遵守纪律和规则		

续表

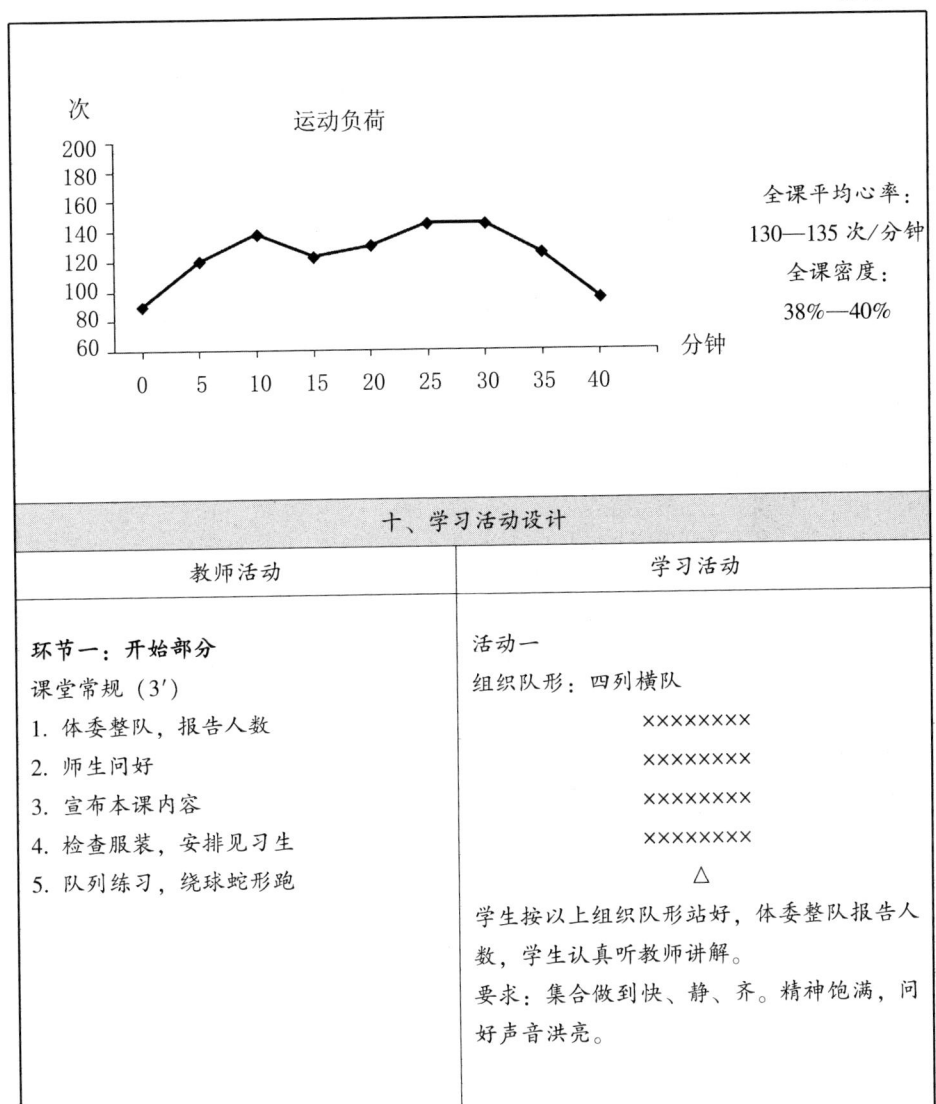

十、学习活动设计	
教师活动	学习活动
环节一：开始部分 课堂常规（3′） 1. 体委整队，报告人数 2. 师生问好 3. 宣布本课内容 4. 检查服装，安排见习生 5. 队列练习，绕球蛇形跑	活动一 组织队形：四列横队 ××××××× ××××××× ××××××× ××××××× △ 学生按以上组织队形站好，体委整队报告人数，学生认真听教师讲解。 要求：集合做到快、静、齐。精神饱满，问好声音洪亮。
设计意图 提高学生注意力，让学生精神饱满，了解本课内容	

续表

教师活动	学习活动
环节二：准备部分 教师示范讲解并带领学生做以下活动。 要求：讲解简明扼要，动作示范到位。 一、一般性准备活动（3′） 1. 自编篮球韵律操 8 节 2. 球性练习 二、专项准备活动（3′） 1. 滑步 2. 侧身跑 3. 跨步急停 要求：利用场上的线、固定目标进行各种移动练习，要求学生注意观察场上情况。	活动二 学生按照以下队形，认真看教师示范，听讲解，模仿练习，听口令做动作。 要求：注意力集中，精神饱满，动作正确。 组织队形：体操队形 × △ 要求：认真观察，动作规范，反应敏捷。 组织队形：专项准备活动组织队形 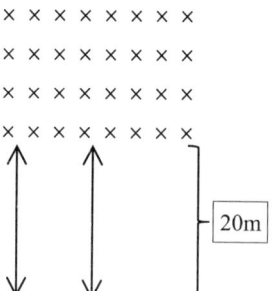

设计意图

1. 篮球韵律操目的是充分进行热身，为专项准备活动做铺垫

2. 安排侧身跑目的是让学生体会运用双手胸前传接球所涉及的移动步法。安排跨步急停是为了让学生进一步学会跑动中接球的移动技术，体会跨步接球，培养主动接球的意识，为主教材的进一步学习做铺垫

3. 球性练习是为了更好地巩固原地各种运球技术，并为学习行进间双手胸前传接球做好准备

续表

教师活动	学习活动
环节三：基本部分 一、行进间双手胸前传接球（15′） 动作要领： 眼视来球，伸臂迎球，接球时两手手指自然分开，拇指相对成八字，用指根以上部位持球后下方，手心空出，两肘自然弯曲于体侧，将球置于胸前。 传球时，两臂迅速向传球方向伸直，手腕翻转，拇指用力下压，食指中指用力拨球将球传出。 跑动中双手胸前传接球是一个连贯动作，手脚配合。一般左（右）脚上前接球后，右（左）脚抬起，在落地前传出球。	活动三 组织队型： ×
教师活动： 1. 复习原地传接球、迎面对传接力后，进行跨步接球练习，提问引出要求：明确中枢脚概念（为行进间传接球做过渡）（30′）	活动四 1. 学生复习原地双手胸前传接球，教师鼓励每一位学生思考"原地和行进间传接球的区别" 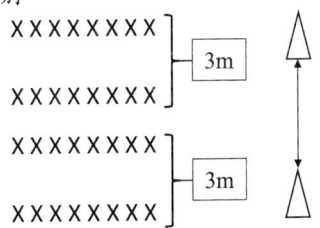
2. 教师示范讲解跨步接球、迈步传球的动作要点。听教师信号自抛球按跨步接球、迈步传球的顺序做模仿练习（3′） 3. 进行"提前量"练习（2′） 4. 教师采用固定球练习方式，跨步拿固定球练习，一人托球侧平举，学生跨步拿球做跨步接球动作，再做迈步传球动作，把球传给同伴（3次）	2. 学生自抛自接练习跨步接球动作体验"跨步接球、迈步传球"的动作要领和节奏。 3. 学生两人一组进行"提前量"练习，要求一人侧身跨步接球 要求：学生在自我分析和思考的基础上，有针对性地练习。 4. 学生3人一组，一人直臂托球，另一人做跨步接球动作跨步将球传给第三人

续表

教师活动	学习活动
5. 学生两人一组进行慢跑中双手胸前传接球练习。要求传球要有提前量，跑动时脚尖朝前，上体内转面向同伴（2′） 6. 教师指导学生进行三人一组全场快速跑动中双手胸前传接球练习。要求中间学生位置稍后，两边学生位置靠前（2′） 7. 教师指导学生由慢到快自主练习双手胸前传接球练习，个别生单独辅导（2—3次） 8. 教师组织学生集体展示，自评互评（1′） 9. 教师小结 **教学重点：** 跨步接球、迈步传球 **教学难点：** 手脚的协调配合 二、传球追捕（5′） 教师指导学生半场进行传球追捕，并巡视观察。 练习方法：指定两名学生为追捕者，在半场内移动传接球，其余学生在场内散开躲闪，当传球学生持球触及了谁，谁即变为追捕者，直至将所有学生捕尽。要求：传球者只准传球移动，不准运球或走步、犯规。 要求： 1. 认真听教师要求，完成指定动作 2. 练习过程中充分互帮互助 3. 在指定区域练习，做到安全第一 4. 引导学生思考如何有效、快速传接	5. 学生两人一组练习短距离传接球，要求传球要有提前量 提问："如何迅速传球？""如何才能做到不走步？" 6. 学生三人一组快速跑动中练习双手胸前传接球 要求：判断提前量，跨步接球、迈步传球。思考："如何传球到位？" 7. 学生自主练习并展示 要求：尽量做到传接球动作连贯。 8. 集体展示，学生互相评价 要求：默契配合。 9. 学生交流本课的体会 活动五 1. 学生尝试练习一次 2. 学生讨论战术，进行比赛 3. 获胜组分享获胜心得，学生再比赛 要求：遵守规则、友爱、拼搏、合作，动手动脑，主动参与。游戏过程中注意安全，避免发生冲撞。

续表

教师活动	学习活动
三、游戏：投篮比赛（8′） 1. 教师讲解游戏方法及规则，并提出要求 方法： 将学生分成人数相等的四个队，每人持球在起点线后站好。游戏开始，学生分别运用运球、传接球动作到篮筐前进行投篮。规定时间内进球最多者为胜。 规则： ①不抢跑、不越线、投篮时站在投篮线后。 ②不能有走步等违例动作。 ③按照要求的路线完成游戏。 2. 指导学生游戏，提示规则 3. 组织小结 四、"课课练"——发展上肢力量素质（5′） 俯卧支撑爬行 练习方法：学生俯卧直臂支撑身体，异侧臂向前爬行。 要求：脚不用力，直臂异侧爬行。 教学方法：（1）俯卧支撑，（2）移动中爬行。	活动六 1. 学生尝试练习一次 2. 学生讨论战术，进行比赛 ①个人运球投篮比赛。 ②两人传接球投篮比赛。 3. 获胜组分享获胜心得，学生再比赛 要求：遵守规则，友爱、拼搏、合作，动手动脑，主动参与。游戏过程中注意安全，避免发生冲撞。 组织队形：四列横队体操队形。 教法： 1. 教师讲解支撑爬行方法，并提出要求 2. 学生尝试练习 3. 学生根据自身能力选择练习难度 （1）原地练习（2次/人），（2）行进间练习（2次/人）。

设计意图

　　1. 教师采用了直观教学法和游戏比赛法进行教学，以帮助学生尽快形成动作表象，更好地激发学生的练习兴趣，使学生积极主动地学习行进间双手胸前传接球。同时，教师还采用了对比法、讲解法、模仿练习法，通过教师的讲解示范，学生更深地体会动作要领

　　2. 主教材运球+投篮、传接球+投篮比赛中，提高学生组合动作的综合运用能力，符合课标要求

　　3. "课课练"提高身体素质练习是学校体育教学的重要组成部分，各类身体素质之间是相互影响、相互促进、相互制约且具有迁移性的，因此，针对本课教学合理安排发展上肢力量的俯卧支撑爬行练习

续表

教师活动	学习活动
环节四：结束部分（放松操，教师总结，归还器材） 一、集合放松（2'） 听音乐进行放松 二、结束常规 1. 教师采用鼓励性语言激发学生自我评价，并主动示范 2. 布置课后练习 3. 安排人员回收器材 4. 宣布本课结束	组织队形： × △ 在教师带领下学生做放松操，回收器材。 要求：集合迅速，认真参与自然放松。

设计意图

有组织地结束教学活动，逐渐恢复学生机体功能，对学生进行美育教育，培养学生创造美、表现美的能力。教师采用鼓励性语言评价学生，激发学生自我评价和互相评价。

十一、作业与拓展学习设计

1. 上肢力量：首选俯卧撑，俯卧撑很锻炼臂力和胸肌，并且俯卧撑是锻炼全身素质的
2. 训练腿部肌肉，建议做提踵和蹲起，提踵可以训练小腿肌肉，建议20个一组
3. 以篮球游戏和小组比赛的形式激发学生练习的兴趣，提高学生技术的综合运用能力，课上课下相结合互相促进，为学生升入中学继续学习篮球运动做好准备

十二、特色学习资源分析、技术手段应用说明（结合教学特色和实际撰写）

本课所需器材要求：

1. 音响1台
2. 篮球32个

十三、教学特色与教学反思

教学特色

1. 本课采用循序渐进、由慢到快、由易到难的教学步骤，让学生充分体验行进间双手胸前传接球的技术动作
2. 一物多用：本课从准备部分的慢跑热身及专项练习到主教材的学习，以及传接球投篮比赛，都用篮球贯穿全课，提升学生的控球能力，培养学生的团队合作意识，突出了本课重点

续表

> 3. 小组学习培养责任意识：设置小组长（技术好的学生），帮助技术差的学生改进技术动作。同时，以小组练习的方式，培养学生的责任意识和团队意识，发展探究学习的能力。始终贯穿"篮球意识"的培养，从而使学生具有在比赛中正确地驾驭技术、支配战术的意识
>
> **教学反思**
>
> 在游戏的设计上，尽可能照顾到每名学生，让学生都体验到篮球运动的魅力。

（二）"小篮球—行进间双手胸前传接球"教学设计分析

说课案例"小篮球—行进间双手胸前传接球"的教学设计，结构比较完整，设计思路清晰，各部分格式比较规范，系统呈现了单元教学设计与课时教学设计的思路、方法和内容。既列出了整个单元的目标和重难点，还对该单元的每一课时的教学目标和教学重难点做了较为详细的介绍。课时教学设计中，教学内容分析和学情分析比较全面和具体，为上好该节课做了充分准备。学习活动的设计具体而明了，不仅呈现出了教学的每一个环节内容和师生活动的方式，而且一一介绍了设计意图，给人耳目一新的感觉。本案例中的"作业与拓展学习设计"内容也能启发我们既要注重课堂教学，也要强调课内外相结合，这样才能更全面系统地发挥体育对学生身心健康的促进作用。

为了更加优化该案例文本内容，下面提出有待进一步完善的几方面。

关于目标表述。无论是单元教学目标还是课时教学目标，一方面，要注重照顾到全体学生，而本案例中的教学目标只呈现了大多数学生的目标要求，而未写明剩余少部分学生要达到的目标；另一方面，在目标的表述上要尽量一致，一份设计尽量不要同时出现多个表述，如在单元设计中，每一课时的目标用的是"教学目标"，而具体到该课的目标时，用的却是"学习目标"。值得注意的是，同一目标在教学设计的前后要能够保持一致。该案例出现表述前后略有不同之处，如在单元教学设计总的课次一中第二条目标表述的是："2. 发展下肢、腰腹力量，提高跳跃能力。"而课时教学设计中的对应该目标的表述是："2. 发展下肢、腰腹力量，提高身体协调性和控球能力。"

关于学习评价。该课评价表的设计缺少对全体学生的考虑，而主要顾及的是学习相对较好的学生，其行为表现通过"非常符合""比较符合"区分学生的学习情况，未能充分考虑到：假如班级内有学习行为表现"不符合"的学生，那该如何填写该评价表？因此建议增加一列"不太符合"的选项。

关于课后作业。由于学生之间或多或少会存在个体差异，所以在给学生布置课后练习作业时，需要将学生的差异性考虑进去。诸如男女生的差异、同一性别素质基础差异、兴趣爱好差异等。尽可能地体现学生家庭体育作业类型、内容、量等的规定性与自主选择性。

五、"小足球游戏—踢球比准"说课文本分析

【案例来源】北京市海淀区万泉小学

【说课教师】刘峥

【说课年级】小学二年级

【课程内容】小足球游戏—踢球比准

（一）"小足球游戏—踢球比准"教学设计

一、指导思想与理论依据

全课以《义务教育体育与健康课程标准（2011年版）》为依据，坚持"健康第一"的指导思想，以学生发展为中心，全面贯彻"育人"标准，遵循学生的身心特点及认知规律，科学合理地组织课堂教学。

在课堂教学中，既关注学生的个体差异，又关注教师与学生之间的互动环节；既关注学生对体育活动的兴趣，又关注体育课的运动量；既关注学生独立学习的过程，又关注同学之间合作学习的过程。

在组织教学的过程中，要求做到主动合作，积极参与，从而达到培养学生乐学、善思品质的教育目的。

续表

二、教学背景分析

1. 教材分析

各种方式的小足球游戏其实就是一种对能力的培养，教材中踢球比准游戏与足球比赛中点球射门有些相似，但不同的是踢球比准更加适合二年级学生的年龄特点，强调左右脚协调发展，接近足球专业课射九宫门踢准练习，其主要目的是发展力量和灵敏素质，具有很强的趣味性、竞争性，可以有效提高学生的判断力和控制力。

小足球游戏在 2012 版人民教育出版社教材中共有四个教学内容，就万泉小学二年级体育课而言，我们选择第二个内容与第三个内容组成一个单元课时计划，目的是将脚内侧踢地滚球与脚内侧踢准两个游戏串在一起，使学生掌握动作更加稳定，真正做到在游戏活动中掌握灵活的动作方法。

从教材的前后顺序看，学生会在掌握传地滚球游戏的基础上学习踢球比准，踢球比准更加强调力量和准确性。

本教学内容：小足球游戏共 4 节课，本课为第 3 次课。

课次	教学内容	教学重难点
第1次课	初步学习传球地滚球游戏的动静相结合的方法，使85%左右的学生相距3米基本掌握用脚内侧踢球的中后部；接球脚自然伸出迎球，做到踢球时让球贴地面沿直线向前滚动，接球时把球停在脚下。使15%左右的学生能够正确地掌握脚触球的位置。	重点：脚触球的部位和支撑脚的选位。 难点：踢得正、滚得直、停得住。
第2次课	进一步学习传球地滚球游戏在运动中的动作方法，使90%左右的学生准确掌握用脚内侧踢球的动作方法，做到踢球时让球贴地面沿直线向前滚动，接球时把球停在脚下。使10%左右的学生能够正确地掌握脚触球的位置。	重点：脚触球的部位和支撑脚的选位准确。 难点：踢得正、滚得直、停得住。
第3次课	初步学习脚内侧"踢球比准游戏"的方法，使85%左右的学生能够掌握脚弓触球中后部，将球踢进球门，15%左右的学生能够完成在缩短距离情况下，将球踢进球门。	重点：踢球脚的部位。 难点：目标的准确。

续表

课次	教学内容	教学重难点
第4次课	进一步学习脚内侧踢球比准游戏的动作方法，使90%的学生能够做到踢球有力、准确。	重点：踢球的力点、目标准确。 难点：上下肢协调用力。

2. 学情分析

　　由于学生的年龄较小，力量素质较差，特别是肢体的支配能力较弱，将球随意踢出容易，而踢准则比较困难。因此，通过"踢球比准"的游戏，不但可以发展学生的下肢力量，同时也能够发展学生的控制力和判断力，以及灵敏性和协调性等。

　　通过对学生年龄段的分析，针对上课的二（2）班学生来讲，七岁孩子骨骼正处在发育过程，运动能力不是很强，身体的协调性和灵敏性有待提高，学生注意力不易集中，形象思维占优势。他们活泼、好动，身体素质普遍较好，学习能力较强，但学生的运动能力、性格爱好具有一定的差异，男女生性格表现开始显现差异，动作技能的掌握也出现分层。班内有2名协调能力较弱的学生。

易犯错误

1. 踢球脚部位不正确
2. 侧身踢球

纠正方法

1. 在脚弓部位贴上标记，通过分解动作踢固定球模仿练习
2. 用语言提示身体正对球门

三、教学目标（含重难点）

1. 教学目标

（1）初步学习脚内侧踢球比准的方法，使85%左右的学生能够掌握脚弓触球中后部，将球踢进球门，15%左右的学生能够完成在缩短距离情况下，将球踢进球门。
（2）发展学生力量、速度、灵敏、协调等身体素质，发展学生下肢力量。
（3）在相互合作学习中，培养学生勇于进取、不怕困难的良好品质，树立其互帮互助的团队精神。

2. 教学重难点

重点：踢球脚的部位。
难点：目标的准确。

续表

四、教学过程与教学资源设计（可附教学流程图）

教学流程图
授课班级：二（2）班　人数：32人

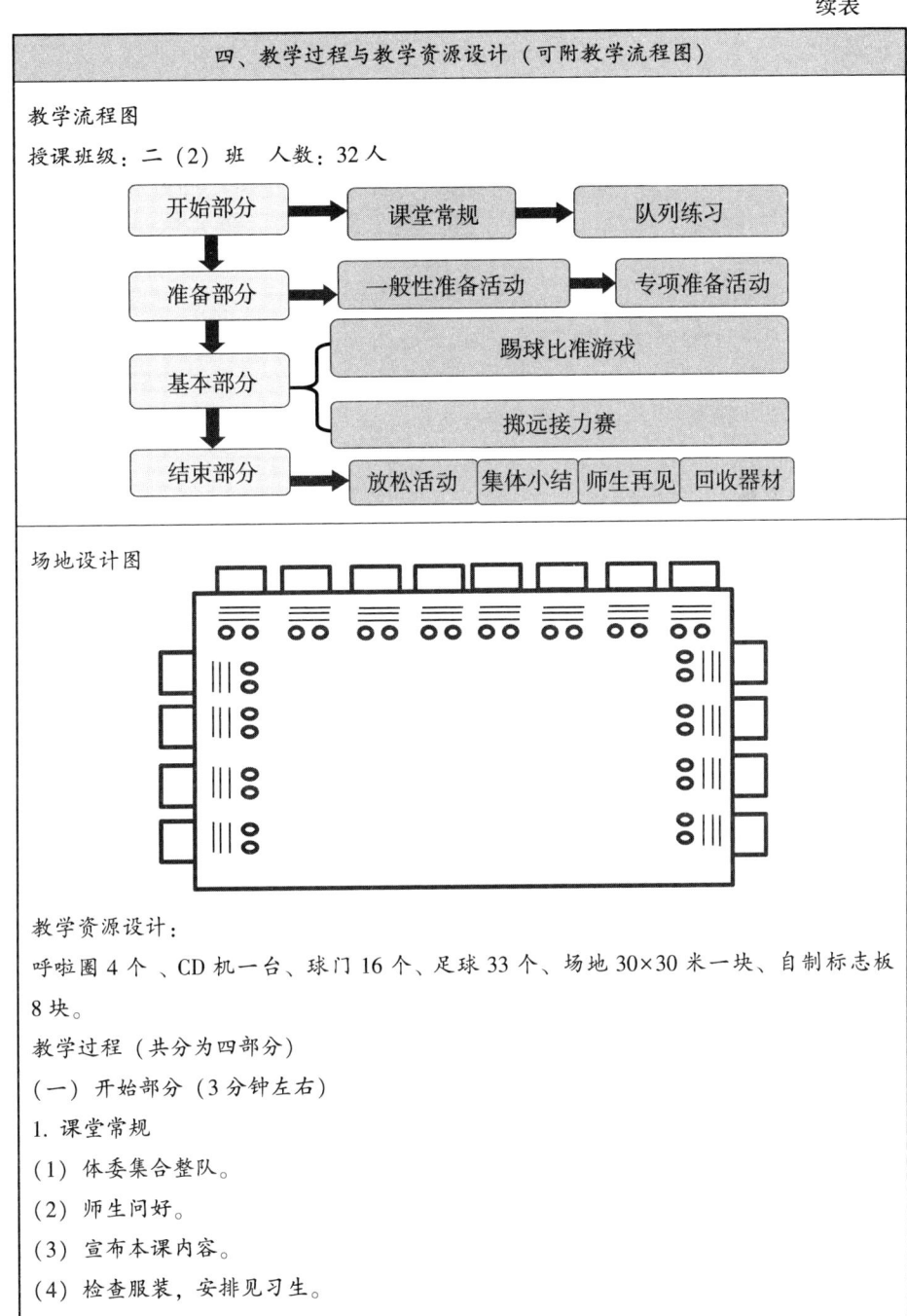

教学资源设计：
呼啦圈4个、CD机一台、球门16个、足球33个、场地30×30米一块、自制标志板8块。

教学过程（共分为四部分）

（一）开始部分（3分钟左右）

1. 课堂常规

(1) 体委集合整队。

(2) 师生问好。

(3) 宣布本课内容。

(4) 检查服装，安排见习生。

续表

2. 队列练习

(1) 稍息、立正。

(2) 看齐。

(3) 原地三面转法。

(4) 踏步走—立定。

(5) 报数小游戏。

(6) 传球小游戏。

组织：全班成四列横队集合

教法与学法：

(1) 教师提出本节课内容与要求，学生积极参与。

(2) 在教师口令下进行队列练习。

要求：动作整齐、口令洪亮。

【设计意图】培养学生养成良好的课堂常规，增强学生集体意识。

(二) 准备部分（6分钟左右）

1. 一般性准备活动

(1) 揉球。

(2) 连续脚踩球。

(3) 散点带球小游戏。

游戏方法：学生散点进行带球练习，听到哨音分别快速做出用膝盖停球和臀部坐球动作。

组织：四列横队成体操队形。

教法与学法：

(1) 听音乐，师生共同完成动作。

(2) 教师在领操中用语言提示要点。

要求：

(1) 认真模仿教师动作，尽量做到准确。

(2) 动作舒展大方有力。

【设计意图】教师在音乐伴奏下带领学生进行热身活动，从而达到热身目的。

2. 专项准备活动

(1) 活动手腕、肩、腰、膝、踝关节（2×8拍）。

(2) 小游戏"拨球比多"。

游戏方法：游戏开始每名学生听哨音进行脚内侧拨球，规定时间内多者获胜。

续表

组织：四列横队成体操队形。

教法与学法：讲解示范动作并组织学生一起游戏。

要求：积极参与游戏，注意安全。

【设计意图】专项准备活动针对性强，能激发学生学习兴趣，集中学生注意力，为主教材教学做好铺垫。

(三) 基本部分（28分钟左右）

1. 踢球比准游戏（17分钟左右）

动作方法：支撑腿微屈，重心稍下降，用摆动腿的脚内侧击球的中后部，将球向前方的标志区或标志物踢出。

组织：前后二人一组，如下图

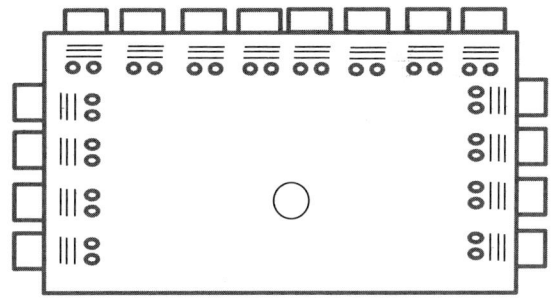

教法与学法：主教材的学习分四个步骤。

第一步：诱导练习

教师引导学生复习上节课脚内侧传地滚球动作，提示学生脚触球部位要正确。（5—8次）

【设计意图】复习上节课所学动作，为学习新的内容做好铺垫。

第二步：学习过程

(1) 教师示范讲解脚内侧踢球比准动作方法。

(2) 教师借助口令带领学生原地进行（左、右脚）模仿练习。（5—8次）

【设计意图】教师利用直观教学法，帮助学生建立正确动作概念，同时强化动作要点。

(3) 在教师指挥下学生2人一组进行自选距离（2m、3m）脚弓射门练习，教师巡视指导。（15—20次）

【设计意图】进一步巩固要点，能够将要点通过动作表现出来。

续表

（4）4人一组，由各组小骨干指挥分组练习，可自选不同距离（2m、3m、4m）练习，教师巡视指导提示要点。(5—8次)

【设计意图】发挥小骨干作用，教师进行薄弱学生指导。

（5）请2—3名优秀学生表演。(1次)

【设计意图】集体进一步改进动作，借助手势对同伴进行评价。

第三步：拓展练习

（1）4人一组借助自制教具自主选择射门练习。（借助标志板自由选择距离：2m、3m、4m，进行射门）(5—8次)

【设计意图】学生自主选择性练习，增强练习兴趣，同时满足不同学生需求。

（2）小组集体展示。(1次)

【设计意图】教师了解学生掌握动作情况，为归纳总结做好准备。

第四步：归纳总结

教师带领学生进行集体小结。

【设计意图】教师用谈话方式进行小结，帮助学生完成简单的归纳总结。

要求：认真练习，积极思考，团结协作，注意安全。

2. 游戏：掷远接力赛（11分钟左右）

游戏方法：

学生分为人数相等的8组，每组4人，每人一球。双手持球举过头顶向前抛球，动作模仿足球比赛掷界外球动作。比赛时每组排在最前的学生站立于起跑线，将球向前投过标志线，并迅速将球捡起，站到对面标志线并将球举过头顶；下一名学生将球投出，依此类推，最先完成组为获胜组。第二次游戏时，听到哨音，第一名学生持球跑到对面投掷区，将球投入球门后，将球抱回交给下一名学生，最先完成组为获胜组。

游戏规则：

（1）做到不踩线、不越线。

（2）球举过头顶后下一名学生方可将球投出。

（3）球投进球门方可返回。

组织：8路纵队（见下页图）

续表

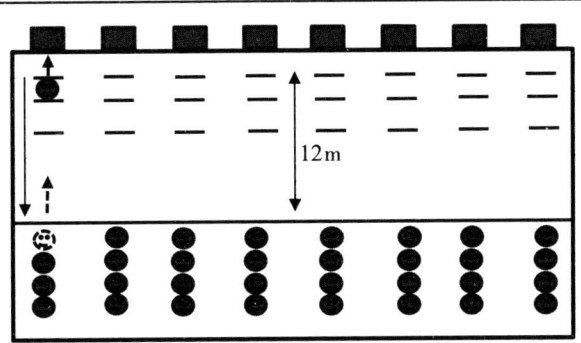

教法与学法:
(1) 教师讲解游戏方法及规则。
(2) 学生4人一组尝试性游戏,教师评价。
(3) 学生4人一组进行掷远比赛。
(4) 学生4人一组进行投准比赛。
(5) 教师进行阶段小结。
要求:服从命令,听从指挥,遵守规则,安全第一。
【设计意图】依据科学锻炼原则,使学生上下肢得到全面均衡发展,通过游戏培养学生互助友爱的团队精神。

(四)结束部分(3分钟左右)
1. 放松活动
2. 集体小结
3. 师生再见
4. 回收器材
组织:四列横队
教法与学法:
(1) 教师组织引导并提出要求。
(2) 师生在音乐伴奏下集体放松。
(3) 在教师引导下进行本课小结。
要求:动作优美,节奏分明,积极应答,互助友爱。
【设计意图】
(1) 通过音乐进行放松,帮助学生养成科学锻炼的好习惯。
(2) 集体小结,让学生学会简单描述本课学习内容。

续表

五、学习效果评价设计

1. 在教学过程中，评价以自我评价、同学评价及教师肯定性评价为主，做到直观、有效。学生在主教材的练习中预计每人能够完成 45 次左右，预计 85% 以上的学生能够完成教学目标，15% 左右的学生能够完成在近距离情况下的踢准小游戏

2. 本课练习密度预计 40% 左右，平均心率预计 135—138 次/分钟

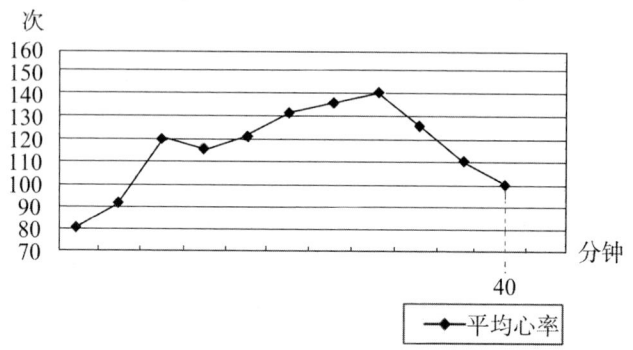

六、教学设计特点与教学反思

（一）教学设计特点

1. 一物多用

　　教师全课利用足球贯穿课堂四个部分。从上课取物到准备活动的小游戏，从主教材练习到掷远游戏，延续到放松活动，充分利用现有器材，做到一物多用。

2. 自制教具

　　主教材学习中，采用自制标志板辅助教学，标志板作为目标，当球踢到板上会发出响声，以声音作为评价学生踢准的标准，这一方法极大地调动了学生的学习兴趣。

3. 创设三条起始线，满足不同学生需求

　　在教与学中，教师为不同程度的学生设计三条线，2 米线为普通学生设计，3 米线为中等学生设计，4 米线为足球运动员学生设计。

（二）教学反思

　　其一，就易犯错误中侧身踢球动作而言，虽然有踢固定球练习，教师反复提示强调支撑腿重心下降，支撑脚正对出球方向，但是还是出现一名学生踢球时左脚内扣，右脚稍好点，其原因为平日里走路姿势是内八字，脚的吃力点不在正前方，造成侧身踢球。

　　其二，发现女学生比男学生侧身的多，其原因为虽然女生协调性高于男生，但是在足球

续表

> 踢球上，男生协调性高于女生。就二（2）班女生而言，有2—3名学生由于下肢力量不足，造成侧身踢球。通过本节课的学习，我认为需要对这几名学生进行课后延伸辅导，练习的内容为单人对墙踢练习和踢固定球练习，争取在下次课中解决问题。

（二）"小足球游戏—踢球比准"教学设计分析

说课案例"小足球游戏—踢球比准"的教学设计，整个文本比较全面、系统，内容比较具体、详细。教材分析和学情分析也比较到位，在教材分析中还对该节课所处的单元进行了详细介绍，在该部分还分析了主教材学习易犯错误与纠正方法。教学目标设置充分考虑到了教学班的全体学生，既有大多数学生要完成的任务，还有小部分学生学习应达到的程度，比较关注全体学生的发展。在教学步骤中，较为明确地介绍了各部分的设计意图，能够让人们很清晰地了解各环节为什么这么教、学生怎么练、为什么这么练等。

为了进一步完善该案例的教学设计文本内容，提出以下几点建议。

关于概念表述。一是教学内容与教学目标概念不同，具体呈现的表述方式也应有区分。本说课案例的教学设计文本，单元计划中有一列写了"教学内容"，但具体每一课时部分写的却是教学目标中的运动技能目标。因此，目标与内容的一致性问题应引起注意。二是教学流程与课的流程含义不同，具体要呈现的方式应有差异，教学流程主要是指主教材教学方法步骤的高度概括，而课的流程是一节课从开始部分集合整队，一直到结束部分放松活动等的全过程的缩影。本案例的教学流程图呈现的实际上是课的流程图。

关于简与繁。本案例"教学过程与教学资源设计"可以进一步优化，除了教学过程通过教学流程图概括性呈现以外，教学资源设计部分仅仅列出了场地器材种类与数量，实际并未做具体设计。

下面对说课文本及其分析做一个简单的归纳。

**说课文本分析**

说课文本也不少，　多种形式都见到；
教学设计看文本，　优良中差可区分；
说课文本相比较，　规范合理要能保；
问题集中重难点，　二者表达难分辨；
目标确定有不全，　关注人人是关键；
安全防范要常有，　文本缺失要补救。

后 记

备课、上课、看课、评课、说课"五课"的门道终于要画上圆满的句号了，感觉到一下轻松了很多。从2007年开始规划并着手撰写这套"体育教师专业发展丛书"以来，历经12年的看、听、思、记等的积累与创作，深感对体育课的认识有了一步步的提高，对如何备课、如何上课、如何看课、如何评课、如何说课等探索出了点门道，并以"五课"门道系列奉献给广大的一线体育教师和热衷于体育课程教学与体育教师专业发展研究的专家学者们。诚恳希望能够得到大家的批评和指正。

从2014年出版"五课"门道系列第一本《看课的门道》开始，本丛书的编辑出版就得到了教育科学出版社相关领导和编辑的大力支持，在他们的辛勤付出和关心帮助下，"五课"的门道才得以顺利出版发行，才能够让我的体育教育思想更好地得以在实践中接受检验，并完成为广大一线体育教师做好服务的夙愿，再次衷心地感谢他们！

在整套书的选题、创作过程中，我得到了恩师毛振明教授的悉心指导。他为每本书写了序，不仅帮我道出了"五课"门道创作的初衷，还为我今后的成长与学术水平的进一步提高指明了方向。感谢恩师的教导！

这套丛书的出版，也得到了广大读者的关心、支持和厚爱。许许多多的读者发来了祝福，有些教研员组织开展教研活动时针对本套丛书内容做专题研讨，有些一线教师用这套丛书作为成长发展、提高体育教育教学能力的重要参考，还有些读者诚恳地提出了进一步完善的建议。衷心地感谢每一位关心、支持和帮助我的读者们！

这套丛书终于完成了，但这并不意味着研究创作的终点，我会将其作为一个新时期新的发展阶段的起点。为了祖国教育事业的发展，为了青少年儿童健康全面的发展，为了老师们的不断进步，为了能为国家的体育教育事业做出更大的贡献，我会加倍努力，不忘初心，牢记使命，砥砺前行，认真投身于大中小（幼）一体化体育课程理论体系的建设中，致力于一体化课程的改革与实践。

体育强国，学校体育工作者和体育教育研究者肩负伟大的历史使命与重任。为充分发挥体育学科的教育功能和健身价值，我们一起努力！愿我们国家的体育教育事业蓬勃发展，愿我们的努力能够使我们的学科在德智体美劳五育人才培养中发挥重要的作用。

2019 年 10 月 10 日
于中国教育科学研究院